周清◎著

基于再分配视角的
房地产税
改革研究

中国财经出版传媒集团

经济科学出版社
Economic Science Press

图书在版编目（CIP）数据

基于再分配视角的房地产税改革研究/周清著. —北京：
经济科学出版社，2018.9
ISBN 978 - 7 - 5141 - 9705 - 1

Ⅰ. ①基…　Ⅱ. ①周…　Ⅲ. ①房地产税 - 税收改革 -
研究 - 中国　Ⅳ. ①F812. 422

中国版本图书馆 CIP 数据核字（2018）第 206509 号

责任编辑：周国强
责任校对：曹育伟
责任印制：邱　天

基于再分配视角的房地产税改革研究
周　清　著
经济科学出版社出版、发行　新华书店经销
社址：北京市海淀区阜成路甲 28 号　邮编：100142
总编部电话：010 - 88191217　发行部电话：010 - 88191522
网址：www. esp. com. cn
电子邮件：esp@ esp. com. cn
天猫网店：经济科学出版社旗舰店
网址：http: //jjkxcbs. tmall. com
固安华明印业有限公司印装
710 ×1000　16 开　12 印张　160000 字
2018 年 9 月第 1 版　2018 年 9 月第 1 次印刷
ISBN 978 - 7 - 5141 - 9705 - 1　定价：58. 00 元
（图书出现印装问题，本社负责调换。电话：010 - 88191510）
（版权所有　侵权必究　打击盗版　举报热线：010 - 88191661
QQ：2242791300　营销中心电话：010 - 88191537
电子邮箱：dbts@ esp. com. cn）

自 1978 年改革开放以来，中国经济建设取得了举世瞩目的成就。然而，在经济保持快速增长、居民收入大幅提升、财产高速积累的同时，居民收入和财产的分配差距也迅速扩大，成为阻碍经济可持续发展的重要因素。形成我国居民分配差距显著扩大的众多因素中，财产分配差距以及财产性收入的差距对居民收入分配格局的影响日益显著。近年来，房地产价格快速上涨，房地产成为居民个人（或家庭）财富的重要形式，甚至有学者认为房地产价值对城镇居民总财产分配差距的贡献率在近年已上升到 91%。因此，要调节居民收入和财产分配的差距，就必须重视居民的房地产分配差距，侧重于调节财产分配差距特别是房地产分配差距的房地产税必然会被寄予厚望。从税种划分角度而言，房地产税就属于典型的财产税，其最重要的职能就是调节贫富差距、促进社会公平。合理的房地产税有利于规范收入分配秩序，保护合法收入，增加低收入者收入，调节过高收入，取缔非法收入，同时所征的税收也有利于增加政府公共财政支出水平，从而缓解由于居民收入和财产分配差距过大所带来的负面效应。房地产税改革既是我国财税体制改革的重要内容，又是构建再分配调节体系中不可替代的关键环节，也是优化地方财政收入体系和完善税收结构中不可或缺的部分。尤其是在当今居民收入和财产差距过大的现实环境下，房地产税改革更是政府对居民收入特别是财产及财产性收入进行再分配的有效手段，对促进公平分配、实现社会经济可持续发展具有不可替代的作用。

本书从再分配的视角，在对我国现行房地产税收体系和房产税改革实践梳理和评估的基础上，深入分析房地产税对居民收入和财产分配的作用机理，找出其中的影响因素，并利用微观家庭调查的数据对房地产税改革的再分配效应进行模拟测算，进而探索出有利于促进公平分配的房地产税改革制度框架、税制设计、配套政策等，为深化房地产税改革提供有益的借鉴和决策参考。本书共分为6章。

第1章，导论。主要包括本书的选题背景、研究目的、研究内容与框架、研究方法、主要创新与不足、国内外文献综述。

第2章，房地产税调节居民收入和财产分配的一般理论分析。明确收入和财产分配及房地产税的相关概念和内涵，并将本书的研究界定在财产税属性的房地产税对居民再分配的影响和调节作用，通过收入与财产、财产性收入的关系，引入房地产税调节再分配的作用路径，即影响收入特别是财产性收入进而影响居民财产分配格局，找出两者之间的联系，在此基础上，提出房地产税调节收入和财产分配的理论依据。

第3章，房地产税调节居民收入和财产分配的作用机制。首先运用现代理论模型，分别从平均税率和税收归宿的视角研究房地产税的再分配效应；再以此为依据，分析房地产税再分配作用的影响机制，最后找出影响房地产税再分配效果的主要因素。

第 4 章，我国房地产税制调节居民收入和财产分配的现状与评价。运用国家宏观经济运行的相关数据，分析我国当前居民收入、财产性收入、财产分配的基本态势，梳理出现行政府再分配的税收体系；研究现行房地产税收体系的现状、问题，对现行房地产税收体系的再分配效果进行实证分析，提出房地产税改革的必要性和紧迫性。

第 5 章，房地产税改革的再分配效应的模拟测算。利用城乡居民家庭调查关于居民收入和住房情况的微观数据，以居民收入分配效果的衡量标准为依据，针对目前房地产税改革的几种可能方案，分别对居民住房征收的房地产税情况进行详细的模拟测算，比较税前税后居民的税收负担和收入分配情况，研究房地产税改革以后不同人群的收入状况将产生的变化，为方案的选择提供再分配视角的实证依据。

第 6 章，结论与政策建议。整理前 5 章研究得出的主要结论，并以此为依据，提出有利于公平分配的房地产税改革的具体政策建议。具体的政策建议包括改革目标和原则、税制框架和具体要素的设计，以及相应的征管与配套政策建议。

通过从再分配视角对房地产税的深入研究，本书具有如下创新之处：

第一，研究视角上的创新。现有文献对房地产税的研究可谓汗牛充栋，但主要都是围绕地方政府财政、房地产市场等角度对房地产税展开研究，很少有学者从收入和财产的再分配视角来研究房地产。即使有部分学者在对调节收入分配的税制体系及房地产税的总体研究中有所涉及，也多是点到为止、泛泛而谈，缺乏系统性和研究的深度。鉴于此，笔者从现有文献出发，运用理论分析、实证分析，从收入和财产的再分配视角对房地产税进行了深入、系统的研究。

第二，运用房地产税改革的微观模拟模型，利用 2011 年中国家庭金融调查的微观家庭数据，设定六种可能的征税方案，通过平均税负和税前税后基尼系数的变化来分析房地产税改革各种征税方案下的再分配效应。

第三，从公平分配的角度，提出对房地产税改革的政策建议，认为改革目标应该以调节分配为主，兼顾财政收入，以"简税制、宽税基、低税率、严征管"为原则，将现有的房地产直接相关的五个税种一起并入房地产税，土地、房产共同征税。在具体税制要素设计上，要尽量拓宽征税范围，以房地产评估价为计税依据，实行低税率，慎重设置税收优惠，确定专向税收用途，赋予地方政府更多的税权等，并对改革配套政策的完善也提出政策建议。

同时，受笔者研究能力和研究环境的限制，本书还存在以下不足和局限：

第一，理论模型分析还较为粗略，差强人意。本书对房地产税的再分配效应的一般均衡分析仅运用拉姆齐模型，将房地产当作完全的资本品来分析房地产税的资本税效应，而没将房地产税的多重特性都融入模型中加以分析。如果要全面分析房地产税带来的影响，最好通过可计算的一般均衡方法进行分析，但需要收集的数据量非常大、计算量也非常大，笔者由于能力和精力原因，并未采用这一方法进行研究，所以研究效果还不够理想。

第二，对上海和重庆房产税试点改革的效果受数据获得的局限性而无法深入分析。2011 年以来，上海、重庆开始进行个人住房房产税改革试点，两地关于试点改革的个人房产税税收收入、征收效果，官方对外公布的数据非常有限，仅在 2011 年试点之初发布了少量零碎的信息；而对于试点地区住房的具体分布情况以及住房与纳税人可支配收入之间的关系这些重要信息也需要通过实地调研才能取得，受时间和精力的限制，笔者未能专门针对上海、重庆进行调研。受这些相关数据缺乏的影响，本书对上海、重庆试点改革的实际效果未能更为客观、准确的分析和评价。为弥补这一缺陷，本书在第 5 章的模拟测算中加入了上海、重庆房产税试点政策的方案内容，因此，模拟测算的结果也能较为清晰地反映出试点改革政策的再分配效果。

第三，模拟测算仅出于再分配视角，未能综合考虑财政收入效果和对房地产市场可能带来的影响，所以得出的研究结论的实用性具有一定的局限性。本书选择的研究视角侧重于房地产税的再分配效应，故对地方财政收入、房地产市场的影响无法兼顾，而这些影响也必然会对收入和财产分配产生进一步的影响，比如房地产税以房价为媒介对居民财产的规模产生影响，从而进一步影响居民的收入和财产差距。在政府收入方面，房地产税创造的收入和公共产品的分配会影响居民收入和财产差距，本书仅从纳税人税负方面研究得出的结论毫无疑问会有所偏颇，影响了研究结论的实用性。

总体而言，基于再分配视角的房地产税研究还处在探索阶段，笔者尝试性构建的分析架构，仍有许多缺陷和不完善之处，这也将是笔者进一步深入研究的方向。

目 录

contents

1

导　　论

1.1　研究背景和选题依据

1. 1. 1　研究背景

自 1978 年改革开放以来，中国经济建设取得了举世瞩目的成就。根据国家统计局数据计算，1978 ~ 2013 年，实际 GDP 年均增长率高达 9.8%（同期世界经济年均增速只有 2.8%），城镇居民人均可支配收入平均增长了 7.4%，农村人均纯收入平均增长了 7.6%[①]。居民财产积累速度更快，据贾康等的测算[②]，1995～2002 年居民财产净值年均实际增长率达 11.5%，2002～2006 年城镇居民财产净值年均实际增长率更高达到 21.19%。然而，在经济保持快速增长、居民收入大幅提升、财产高速积累的同时，居民收入分配和财产分配差距也迅速扩大，成为阻碍经济可持续发展的重要因素。据国家统计局公布的数据[③]，2003～2012 年全国居民收入的基尼系数一直在 0.47～0.491 之间，2008 年最高，达 0.491，2012 年回落至 0.474，按世界银行测算，2008 年中国基尼系数是 0.474，都已远超 0.4 的国际警戒线。陈宗胜等按更大口径的收入测算，1995 年全国的基尼系数就已经达到 0.517[④]。中国家庭金融调查中心根据 2011 年住户调查数据计算的基尼系数更是高达 0.61[⑤]。

形成我国居民分配差距显著扩大的众多因素中，财产分配差距以及财产性收入的差距对居民分配格局的影响日益显著。按夏业良所称，根据 2010 年世界银行报告，中国 1% 的家庭拥有的财富占全国四成以上，而美国则是六成的财富掌握在 5% 的人口手中，可见，中国的财产分配不平等程度已经远远超过了美国，成为全球两极分化最严重的国家之一[⑥]。《中国民生发展报告 2014》显示，1995～2012 年，我国家庭净财产的基尼系数由 0.45 快速上升至 0.73，财产不平等程度近年来呈现升高

① 以 1978 年价格基数计算取得，数据来源：国家统计局网站。

② 贾康，孟艳. 我国居民财产分配差距扩大的分析与政策建议 [J]. 经济社会体制比较，2011 (4).

③ 马建堂就 2012 年国民经济运行情况新闻发布会上公布数据 [EB/OL]. 国家统计局网站，2013 – 01 – 18.

④ 陈宗胜，周云波. 非法非正常收入对居民收入差别的影响及其经济学解释 [J]. 经济研究，2001 (4).

⑤ 中国家庭金融调查中心网站，http://chfs.swufe.edu.cn/.

⑥ 夏业良. 中国财富集中度远超美国 [J]. 21 世纪，2010 (8).

态势，明显高于收入不平等①。中国家庭金融调查中心发布的《中国家庭金融调查报告》显示，10% 的家庭拥有高达 86.69% 的社会财富，在城镇地区，10% 的家庭拥有的财富更高，达到 89.50%。

近年来，房地产价格快速上涨，房地产成为居民个人（或家庭）财富的重要形式，尤其对城镇居民来说，在总财产存量中所占的比例从 2002 年的 57% 上升到 2010 年的 74%，进而房地产价值对城镇居民总财产分配差距的贡献率从 2002 年的 65.7% 上升到 2010 年的 90.9%②。因此，要调节居民收入和财产分配差距，就必须重视对房地产分配差距的调节，所以侧重于调节财产性收入和财产分配差距特别是房地产分配差距的房地产税必然会被寄予厚望。从税收被分为流转税、所得税、财产税三大类来看，房地产税属于典型的财产税，因而最重要的职能就应当是调节贫富差距、促进社会公平。合理的房地产税有利于控制富裕阶层的财富过快增长，同时所征的税收也有利于增加政府公共财政支出水平，从而缓解由于居民收入和财产分配差距过大所带来的负面效应。

在新一轮税制改革的浪潮中，房地产税改革一直是财税专家学者和社会各界关注的焦点。2003 年 10 月，中共十六届三中全会《中共中央关于完善社会主义市场经济体制若干问题的决定》提出"条件具备时对不动产开征统一规范的物业税"，房地产税改革的实践探索由此启动。自 2003 年开始，陆续在北京、辽宁、江苏、深圳、宁夏、重庆六省区市试点物业税模拟评税，2007 年 9 月，模拟评税试点范围进一步扩大到安徽、河南、福建和大连四省市，为房地产税改革做前期准备。在学界与

---

① 朱竞. 浅谈遗产税 [J]. 企业改革与管理, 2015 (1).
② 李实, 万海远, 谢宇. 房产成为拉大财产差距的最主要原因 [EB/OL]. http://opinion. caixin. com/2014 - 07 - 29/100710035. html.

实务部门的不断探索中，2011 年 1 月 28 日，上海和重庆率先开始了房产税改革试点，房地产税改革的序幕正式拉开。沪、渝房产税试点改革政策的实际效果究竟如何，成为业界热烈讨论的焦点。就调节居民收入和财产分配差距而言，较为普遍的观点是，由于沪、渝两市的试点都主要针对新增的住房或高档住房，征税范围小，税率低，税收收入很少，促进社会公平的效果很不理想。2013 年 11 月 12 日，中共十八届三中全会《中共中央关于全面深化改革若干重大问题的决定》明确提出"加快房地产税立法并适时推进改革"。到 2015 年，房地产税法正式纳入立法规划，标志着房地产税的开征正式提上议程。这一系列举措再次彰显了国家改革房地产税的决心，同时也说明房地产税改革制度框架和改革路径尚未达成共识，还需进一步探讨。那么，作为财产税的房地产税对居民收入和财产分配的影响究竟如何？其调节居民收入和财产分配差距的作用机理是怎样的？未来我国房地产税改革的走向如何？如何构建有中国特色的房地产税制度框架？房地产税改革推进的路径应是什么？全面实施房地产税应具备的条件和相应配套措施是什么？对这一系列难题的解决事关我国房地产税改革的成败和对居民收入和财产再分配效果的好坏。

1.1.2 选题意义

按贾康（2012）的总结[①]，当前经济中存在着房地产业问题和收入分配差距扩大两大难题，这两者都和房地产税有密切关系，都需要得到

---

① 贾康. 房地产税的作用、机理及改革方向、路径、要领的探讨 [J]. 北京工商大学学报（社会科学版），2012（2）.

房地产税的优化效应。房地产税改革既是我国财税体制改革的重要内容，又是构建再分配调节体系中不可替代的关键环节，也是优化地方财政收入体系和完善税收结构中不可或缺的部分。尤其是在当今居民收入和财产差距过大的现实环境下，房地产税改革更是调节居民收入和财产分配差距的有效手段，对促进公平分配、实现社会经济可持续发展具有不可替代的作用。同时，房地产税改革也是落实中共十九大"房住不炒"重要精神、建立"租购并举"的住房制度和房地产长效调控机制的重要举措。

（1）有利于丰富和完善房地产税理论体系。目前，我国学界对房地产税的研究大都集中于征税范围、税率、优惠政策等税制要素设计方面，对征收房地产税带来的经济效应方面研究相对不足，而且在为数不多的经济效应方面的研究文献中，学者们也主要侧重于研究房地产税的资源配置效应和财政收入效应两个方面，对房地产税的再分配效应涉及很少，研究也不够深入。事实上，具体的税制要素如何设计必须全面综合考虑各种可能的征税方案所带来的不同经济效应，再分配效应是不可忽视的影响因素。因此，本书选择从再分配的视角深入研究房地产税改革中的重大理论问题，深入剖析房地产税对居民收入和财产分配的影响，对于丰富和完善房地产税理论体系具有重要意义。

（2）对于深化房地产税改革实践具有重要意义。我国从2003年就开始酝酿房地产税改革，经历了"空转""试点"阶段，到今年的"加快房地产税立法并适时推进改革"，充分显示了我国推进房地产税改革的迫切需要，同时也说明房地产税改革制度框架和改革路径尚未明确，还需要进一步研究论证，从试点地区的运行效果也可见一斑。因此，笔者力图从再分配的视角对房地产税改革的公平分配效果进行测度，找出当前存在的问题，指明我国房地产税深化改革的方向、具体建议，对于指导我国房地产税改革实践具有重要意义。

（3）对于完善政府再分配的税收政策体系具有重要意义。在公共经济学中，在政府用来调节收入分配和财富集中的所有政策工具中，税收是最直接的、效果最好的[1]。经济不平等问题在任何国家都是社会经济中至关重要的问题，中国也不例外。在我国现阶段，随着市场经济改革的深入，社会经济不平等问题正日益突出，收入和财富分配差距日益扩大，政府的再分配政策实践不断前行，首当其冲的就是税收调节政策，主要是所得税和财产税发挥作用，亟须学者们对这些税种的再分配效应进行深入研究，为政府的政策实践提供参考。然而，目前对调节居民收入和财产分配的税收政策研究主要停留在总体政策体系设计方面，针对具体税种的研究也主要集中在个人所得税和遗产税方面，对财产税特别是房地产税的研究较少，并且不够深入透彻，笔者对房地产税的再分配效应的研究，对于丰富和完善促进公平分配的税收政策体系具有重要意义。

（4）对于重新构建地方税体系具有现实意义。从当前的国内税制改革形势来看，"营改增"试点政策已进入攻坚阶段，2015 年将会全面完成，这一改革的一个重要影响就是长期以来一直堪称地方政府"第一大税"的营业税将成为中央与地方的共享税，不可避免地带来地方政府的财政收入缺口，因而地方税体系的重构已成当务之急。房地产税在各国的实践都以地方税的形式存在的，毋庸置疑，房地产税改革必然可以为地方财政收入添砖加瓦，长期来看，如果征管得当，房地产税完全可能成为县级基层地方政府的主体税种，成为地方税体系中不可或缺的组成

---

[1] 罗传健. 收入分配与财富集中理论研究新进展 [J]. 经济学动态，2010（2）.

部分。

（5）对于建立"租购并举"的住房制度和房地产长效调控机制具有重要意义。根据中共十九大"房住不炒"重要精神，住房制度改革的关键在于"租购并举"，而现有的房地产税收制度"重流通、轻保有"的税负设计，鼓励买房而不鼓励租房，鼓励投资而不是自住，因此，开征保有环节的房地产税取代现有房地产税收制度，是房地产长效调控的核心内容。

1.1.3　研究目的

笔者拟从再分配的视角，在对我国现行房地产税收体系和房产税改革实践梳理和评估的基础上，深入分析房地产税对居民收入和财产分配的作用机理，找出其中的影响因素，进而探索出有利于促进公平分配的房地产税改革制度，包括房地产税改革目标和原则、总体框架、税制设计、配套制度等，为深化房地产税改革提供有益的借鉴和决策参考。通过研究，拟达到以下目的：

（1）运用宏观经济学的前沿理论模型，深入研究房地产税对居民收入和财产分配的影响机理和作用机制。

（2）研究我国当前的居民收入和财产分配现状，分析房地产对收入和财产分配差距的影响。

（3）对我国现行房地产税收体系和房地产税改革实践进行梳理，运用实证分析，评价其对调节居民收入和财产分配差距的效果，分析其中原因。

（4）提出房地产税改革的几种可能的方案，利用微观家庭调查的数据，对各种征税方案下居民家庭的应纳税额进行模拟测算，并分析其税收负担及收入和财产分配差距的变化，为方案的选择提供再分配视角的实证依据。

（5）根据模拟测算的结果，提出有利于促进公平分配的房地产税改革政策建议。

1.2 房地产税研究文献综述

1.2.1 国外关于房地产税的研究综述

房地产税在国外是一个历史悠久的税种，也是一个普遍开征的税种，在国外学术界已经形成了大量的关于房地产税的理论和实践研究成果。综观这些研究文献，国外学术界对房地产税的研究主要是将其当作财产税来开展的研究，具体的研究方向主要涉及房地产税的性质、房地产税的经济效应和房地产税改革实践三个领域。

1. 关于房地产税的性质

对于房地产税的性质的理论研究，最早可以追溯到威廉·配第时期，由于研究假设、研究方法的不同，形成了截然不同的观点和结论。归纳起来主要有以下三种观点：

第一种观点是将房地产税看成一种货物税。持这种观点的大多是传统的理论家，如西蒙（Simon，1943）和奈泽尔（Netzer，1966），他们假设在开放经济、资本自由流动和全国的资本回报率固定的条件下，用局部均衡理论框架分析房地产税的经济效应，得出结论：土地部分的房地产税由土地所有者承担，负担与土地的租金成正比，房屋建筑物部分的房地产税由消费者如房屋的使用者承担，其负担与房屋使用金额成正比①。

第二种观点认为房地产税是一种受益税。这一观点源自蒂布特（Tiebout，1956）的地方公共支出理论模型，由汉密尔顿（Hamilton，1975）提出，并经过怀特（White，1976）、费雪（Fischel，1992，1993，1995，2000）、威尔逊和奥库涅夫（Wilson & Okunev，1997）等学者的进一步阐述和发展而最终形成。该观点认为，地方政府对房地产征税用于提供社区公共品，如教育、治安等，地方公共品所提供的受益和房地产税所带来的成本将"资本化"入当地的财产价值中，房地产税虽然增加了房地产所有者的税收负担，但政府公共品的增加使当地居民能够享受到更好的基础设施和公共服务，获得房地产税所带来的房地产价值增加的收益，因此，房地产税是一种受益税。基于"受益论"，房地产税是一种既公平又有效率的"良税"。

在蒂布特模型②（Tiebout，1956）中，不同辖区的地方政府提供明显不同的公共品种类，居民可以根据自身的偏好选择居住社区，这样就可能不会面临其他公共品上发生的"搭便车"问题，这种"用脚投票"的方式可以迫使地方政府尽量收取最少的"费用"而提供最好的公共

---

① Netzer D. Economics of the property tax [M]. Washington D. C. : The Brookings Institution Press，1966.

② Tiebout C. A pure theory of local expenditures [J]. Journal of Political Economy，1956，64 (5).

品。当然，这一模型过于理想的假设引起了学者们的质疑。罗宾费尔德（Rubinfeld，1987）指出了蒂布特模型所基于的一些强假设，包括社区公共品的融资来源于一次性总付税、居民的完全信息、社区间的完全可流动性、社区可以达到并保持最佳规模、存在足够多的社区可供选择以满足人们对地方政府服务的所有偏好组合、不存在社区之间的溢出效应、社区内的居民对于公共服务的偏好趋同、收入高低与地理位置无关等。

汉密尔顿（Hamilton，1975）改变了蒂布特的地方公共支出模型中的关于公共品融资来源于一次性总付税的假设，引入财产税而延伸了蒂布特模型。在新模型中，地方公共品的融资来源于居民缴纳的财产税，房屋市场的运作被纳入其中，并假设存在足够多的社区以满足对房屋和公共服务需求的所有组合，亦即房屋供给具有完全弹性，地方政府可以实行严格的分区法令以规定社区中房屋的最低价值。在这些假设下，模型得出一个重要的结论：在所有的社区内，不仅居民对公共品的需求趋同，而且其对房屋的消费也趋同，在这种情况下，人们不会因为要征收财产税或财产税的增加而调整他们的房屋消费，因此，财产税被有效地转化成了人头税。为纠正与现实不符的财产价值趋同这一结论，汉密尔顿在1976年又加入"异质性社区"的假设，仍得出了居民对公共品的需求趋同的结论。

费雪（Fischel，1992，1993，1995，2000）在汉密尔顿的研究基础上进一步在理论上深入阐述和通过实证分析发展和完善了房地产税的受益论，并成为受益论的典型代表人物。他对政治上严格的分区法令进行了充分论证，认为基于土地分区制度和"用脚投票"原则下的财产税是一个受益而有效率的税种，因为"资本化无处不在"，无论是公共服务带来的收益，还是财产税税负，都资本化入财产价值，在其他因素相同的条件下，居民愿意为更好的公共服务和更低的财产税率而支付更高的价格，财产税的受益性就此产生。

第三种观点认为房地产税是资本税，又称为财产税"新论"。这个与受益论相反的观点由米斯克斯基（Mieszkowski，1972）首次提出并由艾伦（Aaron，1975）、米斯克斯基和佐德罗（Mieszkowski & Zodrow，1986，1989）拓展而最终形成。新论认为，如果财产税税率超过了全国平均水平，就会减少该地区的资本数量，资本会流向税率较低的地区；在低税率的地区则会出现相反的情况，这种财产税税率的差别导致了全国资本存量的无效率配置，因此，财产税是对地方资本使用所征收的扭曲性税种，是非中性的。

米斯克斯基（Mieszkowski，1972）考虑到各辖区均有房地产税而对受益论提出质疑，以哈伯格（Harberger，1962）的税负归宿模型为基础，认为在市场完全竞争且资本和劳动总供给固定且完全自由流动的前提下，在不同辖区征收不同税率的房地产税会减少整个经济的税后资本回报率，房地产税税负最终将转嫁到其所有者身上，即不动产税被完全资本化，这一观点在艾伦（Aaron，1975）的实证分析中得到了检验。

佐德罗（Zodrow，1983）研究认为，对资产征收的房地产税扭曲了房地产市场的供求和地方支出决策，因为在房屋资本可流动（长期来看可改作其他用途）的假设下，对房屋征税会减少房屋的投资，导致土地利用不足，而资本总供给是固定的，最终使得房地产税被完全资本化，资本要素承担了税收的平均负担。

在著名的 Z－M 模型（Zodrow & Mieszkowski，1986，1989）中，增加了蒂布特模型的因素，假设存在大量的同质辖区，总资本存量固定并且可在各区间自由流动，每个社区的资本和固定要素只生产一种商品，地方政府提供的公共品不存在外溢性，政府只征收基于资本所得的财产税和人头税，由此得出结论：即使加入了地方公共服务变量，只要资本要素能自由流动，随着行政辖区的增加，各辖区间的竞争将导致所有辖区的财产税消失，而仅仅依靠人头税。威尔逊（Wilson，1986）的研究进一步为这一结论提供了有力的解释，由于担心财产税税率太高会使资本流出该区域，地方政府往往倾向于选择过低的公共服务水平。

关于房地产税性质的上述三种观点，传统的货物税观点已逐渐退出研究者的视线，而受益税和资本税的观点则针锋相对，争论激烈。正如奥茨（Wallace E. Oates，1994）所说，两种观点都有其合理性，因为它们从不同的角度阐述了房地产税对地方公共财政的影响。但他也认为房地产税不可能是完美的受益税，比如居民在扩建房屋时，必然会考虑因为房屋扩建增值而产生房地产税税负增加的问题，因此房地产税可能会减少房屋扩建而产生"额外负担"。同时，在房地产税的受益税观点和资本税观点进行抉择是"至关重要的，因为这两种观点在地方公共部门的有效运作和地方财产税的税负归宿问题上有着完全不同的结论。"[1]

目前学者们常用房地产税是否资本化为房价来检验这两个假说。一般而言常用来分析房地产税资本化为房屋价格的方法有两种：一是将房价视为未来净收益的贴现值，房地产税作为影响房价的成本；二是将房价视为房地产的特征价格，房地产税则作为其中一个影响房价的特征[2]。学界对这方面实证研究很多：威尔士和威恩斯（Wales & Wiens，1974）、谢莱尔（Chinloy，1978）、格伦贝格（Gronberg，1979）和费雪（Fischel，

---

① 华莱士·E. 奥茨（Wallace E. Oates）. 财产税与地方政府财政 [M]. 北京：中国税务出版社，2005.

② 况伟大，苏正，荀天然. 物业税的经济效应研究评述 [J]. 税务研究，2009（6）.

2001）并未发现的房地产税的资本化效应，因而认为房地产税是受益税；奥茨（Oates，1969）、金（King，1977）、爱德尔和斯克莱尔（Edel & Sclar，1974）、古斯特利（Gustely，1976）、罗森和弗勒顿（Rosen & Fullerton，1977）、杜森斯基特（Dusanskyetal，1981）、理查德森和塔尔海默（Richardson & Thalheimer，1981）以及因莱费尔德和杰克逊（Ihlanfeldt & Jackson，1982）发现了房地产税的部分资本化，这意味着房地产税在某种程度是资本税；奥茨（Oates，1973）、乔治（Church，1974）、莱因哈德（Reinhard，1981）、帕尔曼和史密斯（Palmon & Smith，1998）发现了房地产税高度资本化的证据，这表明房地产税是流转税。可见实证研究和理论研究一样没有统一结论。对于房地产税资本化验证结论产生分歧的原因，瑟曼斯（Sirmans，2008）等总结出，资本化程度取决于房屋供给弹性，需求增加和供给无弹性将导致房屋价格上升；房地产税资本化会对业主产生"锁定"效应，让其难以移动；大多数研究房地产税资本化的文献都采用了两阶段最小二乘法，典型的实证结果是部分资本化。而加拉赫尔（Ryan M. Gallagher，2013）为了避免房地产税与公共服务之间的伪相关，以公立学校为例，采用只有一个房间的小面积房屋的样本，因为这样的业主家庭几乎没有学龄儿童，从而忽略对公立学校质量的衡量问题，在这样的前提下，仍然得出结论：地方房地产税几乎完全资本化进了小面积房屋的房价中。佐德罗（Zodrow，2014）再次论证了房地产税并非受益税而有力地驳斥了受益税观点，他提供了一个资本再分配模型来描述资本税观点下房地产税在辖区内的资本化效应，发现结果与受益税观点下的资本化效应是相同的，表明这种资本化效应无法用于分辨这两种观点；此外，分析表明，即使在严格的受益税假设下，房地产税并非能带来地方公共服务中财产税筹资比例增加的受益税，它仅在模型中的资本化效应产生后，对未来的住房购买者而言具有受益税性质。

2. 房地产税的经济效应研究

（1）关于房地产税与地方政府之间关系的研究。

从地方政府这一视角研究房地产税是国外学者重点关注的研究视角，结论也较为一致。关于这一议题，最典型的观点见于 2000 年林肯基金会组织召开的关于财产税和地方政府财政的研讨会，并由奥茨（Oates，2001）编著成册，名为《财产税与地方政府财政》。奥茨全面总结了美国财产税与地方政府的关系，认为财产税为地方政府提供了一个既能筹集所需财政收入又能鼓励有效地制定财政决策的税收杠杆。对于房地产税的第一个优点，即房地产税适合作为地方政府的重要收入来源，国外学者已经基本形成共识（Fischel，2000；Musgrave，2000；Oates，2001；Mckenzie，2001；等等），但近年来美国房价的崩溃及其带来的负面影响又引起学者对这一观点的重新审视，阿尔姆、布什曼和斯奎奎斯特（James Alm，Robert D. Buschman，David L. Sjoquist，2011）分析了近年来美国房地产价值的总体下滑情况，发现其对地方政府预算带来了确定的总体负面影响，而且负面影响的大小在不同州与地方之间存在明显差异。对于房地产税的第二优点，即能促进地方政府间的税收竞争从而使地方公共服务更高效，国外学术界的研究结论也是以肯定为主。蒂伯特"用脚投票"模型强调了地方政府在房地产税方面的竞争会提高财政支出的效率。也有一些学者（Bird & Slack，2004；Mikesell，2003；Bell，2003）认为和其他税种相比，地方政府更容易感知到房地产税。伯德和拜尔（Bird & Bahl，2008）认为房地产税是地方政府自治下不错的一个选择，它可以给地方政府提供可预期且可持续的预算收入来源，并且还可以促进地方自治和完善财政分权机制。布鲁克纳和萨维德拉（Brueck-ner & Saavedra, 2001）用博弈论的方法研究了地方政府在不动产税税率制定上的竞争关系，认为不同地方政府制定不动产税率的策略确实会相互影响。麦克拉斯基等（McCluskey et al., 2013）分析了越南的当前财产税改革，越南政府是以农业土地使用税、土地出让为收入来源的基础，他们认为，这些来源是不可持续的且缺少浮力的，如果适当开征房产税，可以弥补地方财政收入短缺。普利斯比特罗等（Andrea F. Presbitero, Agnese Sacchi, Alberto Zazzaro, 2014）以 OECD 国家 1973～2011 年的情况为例，研究证明了房地产税的积极作用在于他们的效率和在地方层面的激励作用。可见，学者们对于地方政府征收房地产税的支持已成为主流观点。这些理论支持也在各国税收实践中得到了印证。从各国的税收实践看，凡是实行中央与地方分享税制的国家，中央政府普遍采取激励的财政政策，将房地产税收基本划归地方，构成地方税收的主体税种，而且其主体税源的地位也比较稳定，收入主要用于提供社区公共品，如教育、治安等。

　　然而，近年来税收实践中屡次出现的财产税限制改革给学者们的理论支持带来了新的挑战，因为税率限制或收入增长率限制影响到地方政府财政，在某种程度上妨碍地方财产税对有效率的预算决策的鼓励（Oates, 2001）。雪瑞斯（Shires, 1999）通过对加利福尼亚州的调查发现，自 1978 年 13 号提案通过以来，州和地方政府财政收入中税收所占比重减少，同时政府间拨款和其他形式的财政收入（各项费用及其他）所占比重上升。奥茨（Oates, 2001）指出，现代税收限制导致财产税收入占地方政府总收入比重减少，同时各项费用和杂项收入占比上升，融资责任从地方政府向州政府转移等。布拉德伯里（Katharine L. Bradbury,

2001）考察了马萨诸塞州 212 号提案关于财产税限制对马萨诸塞州城市和乡镇的财政行为的影响及资本化效应，研究发现 212 号提案显著制约了某些社区的地方支出，主要是对学校支出的影响，非学校开支的变化对房地产价值几乎没有影响。

（2）房地产税的再分配效应研究。

目前的研究认为，房地产税的再分配效应取决于其税负归宿相对于居民收入和财产分配是否具有累进性。长期以来，与房地产税性质上的争论相对应，国外学术界对房地产税的再分配作用也分化为三种观点。第一种观点是"无关论"，受益税观点的支持者们将房地产税视为购买公共服务而支付的价格，是人们用税收支付从地方公共产品和服务中所获得的效用，因而这种税收没有再分配效果，不涉及财富的二次转移，或者基于"权利与义务对等"的原则，研究累进和累退的意义不大。第二种观点是"累退论"，基于货物税的假设，运用局部分析方法，认为由于房地产税是以房地产价值为税基的比例税，依赖土地所有权所获得的收入份额随着总收入的上升而增加，因而土地部分的财产税具有累退性。同理，住房支出占年收入的比例随着年收入的增加而下降，所以房屋建筑物部分的财产税也是累退的。奈泽尔（Netzer，1966）认为，房地产税相对于现行货币收入来说是均衡的，在一定程度上具有累退性。房地产税是以房地产价值为税基的比例税，因为低收入家庭在住房上的支出比例大于高收入家庭，相比之下承担的财产税义务也较重。第三种观点则是"累进论"，代表人物主要是持资本税观点的米斯克斯基（Meiszkowski）、艾伦（Aaron，1975）等，基于财产税是资本税的假设并与之相对应，采用了一般均衡的分析方法。米斯克斯基（Mieszkowski，1972）运用税负归宿的一般均衡模型分析表明，房地产税的资本化和资本收入比例会随着总收入的增加而上升。艾伦（Aaron，1975）认为，由于短期内全国资本总供给是缺乏弹性的，对资本征收的全国统一的财产税将以减少资本净报酬的方式而归于资本所有者，那么，拥有较多资本财富的高收入家庭承担的课税负担相对较多，即房地产税负相对于收入分布具有明显的累进性。然而艾伦在对美国实际情况的实证分析中发现，在美国的一些州，人均收入与实际的财产税率正相关，证明了财产税的累进性；但在一些县级行政区，二者又呈现出负相关性，从而支持了财产税的累退性。乔威斯（Gervais，1998）认为房地产的税收优惠使得实际中房地产所得的税率远低于金融资产所得的税率，这种扭曲又被房屋抵押贷款利息抵税等措施进一步放大了。他通过一个异质性行为人的生命周期模型，发现如果能够对房地产隐性租金征收一个与资本所得相同的税率或者取消利息减免能够极大地提高社会的福利水平，并且不会产生较大的财富再分配效应。伍德和沃森（Wood & Watson，1999）在对澳大利亚住宅市场的实证分析中发现物业税对于物业持有者的净资产具有累退性，对租房者的个人资产不具有分布式的累进性。乔威斯（Gervais，2002）进一步运用基准模型研究美国对个人住房免税等优惠政策对资本积累的影响，认为税法使拥有住房成为比租房更好的一个选择，个人为了拥有一座房子而努力尽快积累储蓄，而为了买下房产所需的额外储蓄意味着年轻时的消费被替代为未来的消费，动态地影响了个人财产积累，此外，自有住房的优惠税收待遇导致房主对住房服务的过度消费。

　　除了对一般意义上的房地产税公平性的研究以及对发达国家的验证，巴尔和马丁内斯－巴斯克斯（Roy Bahl & Jorge Martinez－Vazquez，2007）总结了房地产税在发展中国家和转型国家的累进性。研究认为，房地产税在发展中国家和转型国家可以被视为是纵向公平的，主要是因为，在发展中国家，房地产所有权大量集中在富人阶层，而且业主往往尚未纳入所得税系统，房地产税可以填补缺口。在所有权高度集中的基础上，对土地价值征税是累进的。在收入分配的另一端，公共房屋及低价值的物业一般不征税，这也增加了税收累进程度。但是，在最不发达的国家，房地产税会因为以小康为目标的减免政策而具有累退性，比如在某些国家实行的对业主的自用房地产进行的税收豁免；对某些商业或工业房地产的优惠估价（或豁免）可能会有同样的效果。因此，房地产税的再分配效应受到税收基本结构和税率及其管理水平的密切影响。

可见，从理论分析和实证结论来看，关于房地产税再分配效应的存在性是基本确定的，即使像受益税观点持有者所说，不同房地产税制度仍然会导致税负在纳税人中的分布不同，况且在现实中分区不能足够小的情况下，"不存在免费搭车"的理想状态就不能成立。对于房地产税究竟是累进还是累退的争论，主要在于研究者对房地产税性质和资本供给弹性的假设前提和采用的分析框架不同而得到截然不同的观点和结论，现实情况的实证分析结果也因税制设计的差异而出现两种不同的结果。所以，考察房地产税在再分配调节中究竟起正面还是负面的作用，就需要根据各国房地产分布和房地产税制的实际情况合理选择相关理论和适当的分析方法进行分析①。

（3）房地产税对房价影响的研究。吉姆和苏哈（Kim & Suh，1993）对韩国房地产市场中房地产转让税的课税效果进行研究，认为税收可以改变消费者的住宅置换行为。罗森和费伯格（Rosen & Feenberg，1986）和本杰明等（Benjamin et al.，1993）分别检验了税收能否对住房价格产生影

---

① 王宛岩. 我国不动产课税制度研究 [D]. 财政部财政科学研究所，2010.

响，发现房地产转让所得税的征收会使房价短期内有所下降，解释了在短期供给不变、需求富有弹性情况下税收增加引起的价格效应。兰德伯格和斯科丁格（Lundborg & Skedinger, 1999）根据威顿（Wheaton, 1990）的房地产市场模型进行研究，发现房价是内生的，房地产交易税征收会导致短期内房价下降。拜尔（Baer, 2005）认为，在城市住宅问题上，政策制定者很容易混淆目标和手段，出现过度居住消费与居住不足、补贴富人并存的困境，这对需求政策方面有指导意义。伍德（Wood, 2006）采用微观模拟模型对澳大利亚房地产政策对住宅需求选择的影响进行研究，发现房地产税会影响房屋的相对价格、家庭实际收入并最终影响房价。房地产税对房地产市场及房价产生影响的同时，又受房价的影响，为此，因莱费尔德（Keith R. Ihlanfeldt, 2014）提出地方政府调整税率来抵消房价波动对房地产税收入的影响，但这种机制的稳定作用较弱，而且，这个机制对于不同地方政府的重要性取决于他们拥有的垄断权力。

3. 房地产税改革实践的研究

除了对房地产税的理论研究和实证检验外，国外学术界对房地产税改革实践也进行了大量的研究，主要涉及房地产税的征税对象、税率、税收优惠政策以及房地产税基评估方法等方面，对于我国房地产税改革也具有一定的借鉴意义。

（1）西方发达国家房地产税改革的研究。

奥茨（Oates, 2001）总结了美国地方财产税改革的两种主要形式：税收限制、税收豁免。税收限制主要包括限制财产税税率和限制政府收入增长率两种形式。奥沙利文（O'Sullivan, 2001）总结和评估了财产税限制政策，研究了其实际效果，认为财产税限制减少了地方政府对财产税的依赖。加州是一个最为极端的例子，它严苛的税率限制大大减弱了地方政府对财产税的依赖，当地居民可能不再愿意增加税收改进当地公共服务，造成其公立教育支出相对于全国平均水平陡然下降。在其他地方，限制措施没有实际影响或至少没那么严重。布拉德伯里（Katharine L. Bradbury，2001）考察了马萨诸塞州 212 号提案的关于财产税限制对马萨诸塞州城市和乡镇的财政行为的影响，研究发现财产税限制显著制约了某些社区的地方支出，主要是对学校支出的影响，非学校开支的变化对房地产价值几乎没有影响。斯基德莫尔（Mark Skidmore，2010）研究了 1994 年密歇根州实行房地产税评税增长上限所造成的房地产税负担分配的变化，其限制形式是对于持续持有所有权的房产，基于税收目的的房地产评估值的增长以通胀率为上限，然而，在房产出售时税基将进行调整，以反映市场价值，马克还分析了 2008 年的一项调查数据，发现相对于新业主，长期业主的实际税负平均减少了 19%，这一上限也降低了老年业主和高收入人群的有效财产税率。

税收豁免主要有两种情形：一是根据收入、年龄而设定的不同的住宅财产税的减免；二是为刺激地方经济增长减免工商业资产的财产税。前者的减免比较普遍，主要是老年人与低收入业主受益，以"断路政策"（circuit breaker program）最为典型。断路政策，是指居民实际财产税额超过一定的收入比例时，允许缴税人得到州退税或获得减免（郭宏宝，2013）。这些豁免政策虽然在一定程度上减轻了老年人与低收入家庭的税负，但登科比和因格（Duncombe & Yinger，2005）通过对纽约州税收减免的研究发现政策产生扭曲，反而补贴了富有家庭。可见，正如奥茨所说，财产税豁免的影响非常复杂微妙，可能在负担分配方面带来难以预料的结果。

伍德和欧因（Wood & Ong, 2012）较为全面地总结了房地产税改革的基本特征：房地产税税基可以按房地产用途或所在区位的价值、资本增值的价值或租金价值设定；各辖区可设定不同税率，可选择使用累进税率、比例税率或人均总付税；房地产税的税式支出可以有多种形式，包括免税、对低收入房主的退税、延期纳税，从个人所得税应税所得额中扣除；最近的房地产税改革一直源于选民对增加房产税负担的不满上升，认为地方政府对他们应当提供的公共服务缺乏问责机制。

（2）发展中国家和转型国家房地产税改革的研究。

巴尔和马丁内斯－巴斯克斯（Roy Bahl & Jorge Martinez – Vazquez, 2007）深入研究发展中国家和转型国家的房地产税，认为房地产税对发展中国家和转型国家而言仍然是一个可以带来收入和问责的充满潜力和不确定性的工具，房地产税在这些国家的未来主要依赖于四个因素：财政分权程度、对物业价值进行快捷处理的效果、技术追赶，以及中央政府给予地方政府使用其他生产性税基的意愿。为降低行政成本，各国纷纷采取快捷处理，如对位置和区域引入名义估值、自我评估、估值间隔间的指数和对"很难征税"的物业进行豁免等；同时，发展中国家还持续追赶关于物业税评估、征收和记录保存的新技术，减少许多物业税所面临的问题，诸如批量评估、卫星辅助绘图、交叉定位等新技术规避估值过程中的高成本和时间延误，为地方政府持续更新和记录土地特征与所有权的信息。此外，在一些国家，当对物业的重新估值并不频繁时，比如每5年或者10年一次，这会导致税收负担很大的一次性增加，从而导致选民的震惊和哗然。因此，各国运用各种手段来减轻冲击，但往往最终落脚于减少物业税的有效税率。全球范围中创新了一些方法用于处理低弹性问题，比如在约旦、哥伦比亚和巴西使用的指数化，在菲律宾使用的分阶段逐步重新估价法（Guevara & Yoingco，1997）。然而，发展中国家为提高房地产税收入所做出的这些努力并不必然成功，比如迪林格（Dillinger，1988）报道了菲律宾"物业税管理项目"在生成税收地图和更新物业评估价值方面的成功，但是并未大幅增加收入，因为低征收率的问题从未被解决。甚至当物业价值提高了37.5%和可纳税物业增加了13.6%之后，实际税收收入只增加了1.1%。相比之下，如凯利（Kelly，1993）报告的那样，印度尼西亚的改革是比较成功的。通过专注于提高征收和评估的效率，物业税征收率从65%提升到79%，物业税收入占政府总收入的比重在1990～1991年几乎翻倍。麦克拉斯基等（McCluskey & Trinh Hong - Loan，2013）分析了越南的当前财产税改革，越南政府是以农业土地使用税、土地出让为收入来源的基础，他们认为，这些来源是不可持续的且缺少浮力的，如果适当开征房产税，可以弥补地方财政收入短缺。

1.2.2　国内关于房地产税的研究综述

自2003年中共十六届三中全会提出适时开征不动产税以来，房地产税的研究开始成为国内学术界关注的热点问题，研究成果丰富。从研究方向来看，国内学界主要侧重于对中国房地产税改革的实践研究，对房地产税的基础理论研究较少。目前有代表性的较为系统、深入的基础理论研究有陈多长（2005）编著的《房地产税收论》，建立了房地产税收的理论分析框架，包括局部均衡分析和一般均衡分析模型，研究了房地产税收规律。国内学术界对房地产税的实践研究的关注点集中在房地产税的经济影响和房地产税改革措施等方面。

1. 房地产税对房地产市场的影响

对于这一问题，学者们的观点争论主要集中在房地产税能否抑制高房价上。在沪、渝房产税试点之前，大多数文献认为房地产税的开征能抑制高房价，如王海勇（2004）、陈多长等（2004）从需求的角度研究认为，房地产税会改变投资者对未来收益和价格预期，从而降低房地产的现价。白崇恩（2008）认为物业税是房地产市场的稳定器。易宪容（2006）认为房地产税改革不仅会压缩住房需求，而且会增加住房供给，住房价格则会下降。杜雪君（2009）[①] 则进一步分析发现，房地产税对房价的影响效应具有显著的区域差异，总体而言，中部地区最明显，西部地区次之，东部地区不显著，不同的房地产税种的影响也有所不同。刘洁等（2010）通过省际面板数据的实证分析表明，房地产市场价格与物业税之间存在负相关关系，因而物业税的开征会对房价起到明显的抑制作用。唐霏等（2011）从供求两个方面的分析认为物业税改革能够对房地产市场产生较大的影响，在供求双方影响下，必然影响房地产价格。王君斌（2014）却发现房地产税收并不必然抑制房价，论证了产生这一效果的前提条件：在只征收房产持有税时，只有当税率高于租金率时才会抑制房价，税率越高税负转嫁程度越大；在征收房产持有税基础上，征收房产交易税有助于抑制房价。然而，持否定态度的学者（印堃华，2007；贾卧龙，2007；杨崇春，2007；林嘉华，2007；吴翔华、陆海曙，2008；贾康，2010；付琦，2011；等等）则认为房地产税不能有效降低

---

① 杜雪君. 房地产税对房价的影响机理与实证分析 [D]. 浙江大学，2009.

房价，如吴翔华、陆海曙（2008）建立税负归宿理论模型分析认为，物业税改革会对房地产价格产生影响，但并不是影响房价高低的根本原因，房价变化最终还取决于供求关系。贾康（2010）认为不动产税只是一种税收调控手段，并不会改变房价上涨的长期趋势。付琦（2011）认为将房产税的征收看做"房价稳定器"的认识是错误的，房产税并非稳定器，房产税对房价没有太大的影响。还有部分学者认为开征房地产税会使房价不降反升（陈捷，2004；杨绍媛、徐晓波，2007；倪红日，2007；孟宪生，2007；黄伟，2007；任志强，2010）。陈捷（2004）从实证分析的角度，证明了房地产税收收入与房价的波动之间呈正相关关系，税收增加，房价也会上升。杨绍媛、徐晓波（2007）运用局部均衡模型分析发现，在房地产市场中，需求弹性很小，征税后不会减少对房地产的需求量，只会在短期内提高房价。倪红日（2007）通过理论和实证分析认为，应该在房地产保有环节征税，这是房地产税收调控政策的重点。

从研究方法来看，大多数文献都是基于房地产税对房地产市场的一般理论分析得出的逻辑性推断，也有少数文献采用了计量经济学方法进行实证研究。如李炜玮（2006）通过建立线性回归模型研究了房地产税收政策对住宅市场的影响；常莉（2007）通过建立影响效应模型分析了房地产税收改革对房地产市场和各参与主体的影响；顾建发（2007）通过运用移动平均线预测、OBV价量关系分析研究了上海房地产的周期波动。

2. 房地产税对地方政府的影响

房地产税改革对地方政府意义重大，是学者们研究的重要方向，也取得了丰富的成果。从现有文献来看，房地产税改革对地方政府的影响主要包括两方面：①对地方财政收入的影响。主流观点认为房地产税改革会给地方政府带来重要而稳定的税收收入。北京大学中国经济研究中心（2006）、贾康（2012）都认为不动产税为地方政府带来了新的税源，并且将逐步成为地方政府的主体税种；倪红日、谭敦阳（2009）认为房地产税会带来地方政府特别是市级和县级地方政府税收增长的潜力；马海涛、李霄（2003）对西部地区的实际情况分析得出，房地产税可以成为西部地方主体税种。在房地产税的总体财政影响乐观的同时，也有文献论证了房地产税改革将会拉大地区间财力差距，北京大学中国经济研究中心预测到，发达地区的房地产税收入能力比较强，要高于不发达地区；李卫刚（2007）通过对全国31个省区市的样本数据实证分析发现，这种地区间财力差距会进一步影响到地方政府的行为选择，甚至可能导致新一轮的税收竞争。②对地方政府行政行为的影响。房地产税能够对地方政府起到激励的作用（程瑶、高波，2008；樊慧霞，2010；李晓英，2010）。在这种激励效应下，地方政府为了增加地方财政收入，会倾向于提高公共财政支出效率。（樊慧霞，2010；李晓英，2010）。但石子印（2009）研究发现，这种激励效应并不必然实现，需要以公众呼吁为前提，而且仅在小区域内适用，占纳税人收入比例不大，同时配合有效的政府转移支付。

3. 房地产税对居民收入和财产分配的影响

我国对税收的调节居民收入和财产分配作用的研究起始于20世纪90年代，最初主要是对税收调节分配的理论依据、作用原理等一般理论分析（郭庆旺，1995；邓子基，1995；樊丽明，2000）。21世纪以来，随着中国居民收入和财产分配差距不断扩大，对税收调节作用的研究也更加深入，研究视角开始集中在整个税制体系或税制结构以及某些具体税种的收入分配作用，特别是在个人所得税、遗产税等方面（刘怡、聂海峰，2004；安体富、王海勇，2006；王亚芬、肖晓飞、高铁梅，2007；高培勇，2010；郭庆旺、吕冰洋，2011；岳希明、徐静，2012；等等），对房地产税这一个别财产税的关注相对较少，一般都是在研究整个税制体系的居民收入分配作用时稍作分析，原因在于长期以来我国财产税比重很小，根本无法实现调节作用。关于财产税或房地产税的分配作用的文献，归纳起来主要有两种观点：第一种观点，即学术界的主流观点，是肯定房地产税的调节作用，主要体现在对财富的调节，而中国当前的实际效果并不理想甚至缺失。财政部科研所课题组（2003）指出我国税制在调节居民收入分配方面过于注重对货币收入的调节，忽视对财富的调节，调节个人财富的税种几乎没有。满燕云（2012）认为作为财产税的房产税能对社会财富进行再分配，改善收入分配不公的状况。中国税务学会课题组（2003）认为应从扩大财产税税基、统一自用与出租房产的税负、采用房产评估价值作为计税依据来完善财产税制度，缩小收入差距。刘军（2006）认为现行房产税对私人自有住房不征税，导致了其公平居民财富分配功能的弱化。赵人伟（2008）研究发现个人财产的高速积累和显著分化，所以有必要研究财产税问题。吕冰洋（2010）一方面肯定了财产税的调节居民收入分配作用，因为居民内部高收入者来源于财产性收入相对较多，而我国目前对居民征收的财产税近乎空白，基本不能发挥调节收入分配作用。张志超、吴晓忠（2013）提出我国应当逐步推进房产税等财产税的开征，从调整存量分配入手减少资本或财富分布不均对收入差距扩大的杠杆效应。肖迺（2011）、王宝柱（2012）、梁婷（2012）、李莎（2012）、黄璟莉（2013）等也都充分肯定了房地产税的调节收入分配作用。第二种观点与前者相对立，认为房地产税根本不能调节收入分配。最有代表性的是夏商末（2011）撰文提出，"房产税能够调节收入分配不公"属于过时的理论，在中国，房产税不仅无法对收入分配不公起到调节作用，而且会产生福利损失。

从研究方法来看，除大部分文献对税收调节收入分配作用的研究主要采用规范性分析方法外，近年来，一些文献开始运用实证分析方法来研究税收的调节效果。刘怡、聂海峰（2004）通过对城市住户的调查数据，王剑锋（2004）通过比较分析实际数据来考察流转税的调节作用，前者采用了 Suit 指数分析方法，从城市住户的调查数据，计算分析不同收入群体的流转税负担，后者则采用了我国各阶层城镇居民消费支出数据来分析，都得出一致的结论，即流转税的累退性抵消了税收的调节作用。李绍荣等（2005）通过实证分析，发现在我国现行经济制度和税收结构下，流转税、所得税、资源税和财产税份额的增加均会扩大资本所有者和劳动所有者市场收入的分配差距，而特定目的税和行为税份额的增加则会缩小资本所有者和劳动所有者市场收入的分配差距。郭庆旺、吕冰洋（2011）利用系统 GMM 估计分析了税收对要素收入分配的影响作用，对各主体税种对劳动分配份额和资本分配份额的影响作用进行了分析，发现当前的税收制度不利于调整要素收入分配格局。于洪（2008）分析了我国城镇居民的消费支出数据，计算不同收入群体对各类商品的需求弹性，得出消费税的归宿分布。文献对个人所得税调节作用的关注明显较多，方法更多样化，结论也有所差异。如王亚芬等（2007）通过税前税后基尼系数、平均税率及经济计量模型三种方法分析发现，个人所得税对收入分配差距的调节作用在 2002 年以前都无法起到调节作用，改革以后才逐渐有所作为；而岳希明、徐静（2012）运用税前税后基尼系数的指标进一步计算出累进性指标即 MT 指数来评价个人所得税的公平效应；刘小川等（2008）运用卡克瓦尼（Kakwani）累进性指数的计算研究发现，工资薪金所得的税负呈累进性，而财产性所得和经营所得的税负呈累退性；万莹（2008）的分类检验结果却得出完全否定的结论，即我国个人所得税的调控作用很弱。对于房地产税的调节分配作用实证研究的文献很少，仅找到刘洪玉等在《房产税制度改革中的税负公平性问题》中通过区域间和区域内的房价与家庭收入的匹配程度的比较，认为目前我国城镇居民家庭收入与住房价值之间存在明显的不匹配，导致城市内部不同产权形式、不同城市或地区之间的相对税负都存在明显差异。

4. 房地产税制改革研究

主要涉及改革目标以及改革方案、房地产税与土地财政的关系处理等方面的主题。

对于房地产税制改革目标定位，朱润喜（2006）、秦蕾（2010）认为房地产税应当首先发挥调节社会财富分配的职能，然后才考虑其他职能，如政府收入职能和资源配置职能。陈小安（2011）则认为，房产税在取得财政收入、调节收入分配与调控房地产市场这三方面作用中，应以为地方政府筹集财政资金为主，不能过于强调其他方面的作用。胡洪曙、杨君茹（2008）认为我国房地产税制改革的最大难点在于如何处理房地产税与土地出让金的关系，也有学者（如韦志超、易纲，2006）认为房地产税制改革对地方公共财政的影响是决定地方政府对房地产税制改革态度的关键。在处理房地产税与土地出让金的关系上，学术界也存在争论。一种观点支持将土地出让金并入房地产税，理由主要是消除重复征税，实现代际公平，便于征管，也有利于当前房地产市场的发展（夏杰长，2004；胡孝伦，2004；杨燕，2007；王杰，2008；胡洪曙等，2008；胡慧敏等，2010 等）。而另一种观点则反对将土地出让金并入房地产税，认为这样混淆了租税的关系，物业税与土地出让金不可替代，二者属于性质不同的经济范畴（何振一，2004；骆峰，2004；吴淑莲等，2005；杨勇等，2005；左莉莉，2005；傅光明，2006；等等），更有部分学者在这一观点前提下进一步提出将一次性收取土地出让金改为年租制（樊丽明，2004；刘荣，2005）。在上述研究的基础上，学者们都基于不同的政策目标和理由对针对开征房地产税的背景、房地产税性质、房地产税制改革内容等方面议题进行了分析和论证，有代表性的观点主要收集在《中国不动产税收政策研究》和《中国不动产税制设计》两本论文集中，包括房地产（不动产）税制改革的意义、原则和方案等方面的探讨，提出了物业税改革可供选择的大、中、小方案和推进改革的步骤；不动产税的税收归属和税权利分；不动产税的征税对象和征税范围、税率的设计、减免税的安排、计税依据的评估系统和发展方向以及物业税的征收管理机构与方式等。[①]

5. 我国房地产税计税依据及评估

究竟应该选择从价还是从量、从价是以房地产原值还是以评估值作为房地产税计税依据，若以评估值为计税依据，又该采用何种房地产评

[①]　国务院发展研究中心和美国林肯土地政策研究院联合成立了"中国不动产税改革课题组"，2005 年 2 月和 2006 年 5 月，课题组分别召开了"中国城市房地产税费改革国际研讨会"和"中国不动产税改革国际研讨会"，研究成果汇编成《中国不动产税收政策研究》和《中国不动产税制设计》（中国发展出版社，2005，2006），对房地产（不动产）税制改革的意义、原则和方案进行了探讨。

估技术，这些问题都是房地产税改革的职能能否充分发挥的关键因素，所以这一专题也成为实践研究的学者们普遍关注的焦点。现行房地产税计征办法有两种，分别是以房产原值一次减除10%～30%以后的余值和出租房产以房产租金为计税依据，但在实践中都有其不足（陈捷，2011）。采用房屋市场价作为房地产税计税依据，可以消除房屋市场价和计税余值差额过大的问题，也可以消除采用两种不同计税依据造成的不公平社会现象（夏睿，2011）。为了保证做到真正按房地产评估价为计税依据，就必须建立房地产评估制度，具体上可采用市场法或收益法，成本法、批量评估法，税务机关可以根据房地产的市场变化情况在固定的年限内进行重估（马国强、李晶，2011）。杭州市财政局直属征收管理局课题组（2009）分析了我国批量评估研究现状及其发展，剖析了批量评估的若干理论问题并提供了自动评估模型，介绍了国内外批量评估的实践经验。国家税务总局财产和行为税司（2010）根据10个先期开展房地产模拟评税试点的地区在实践中探索的经验，提炼出适宜我国情况的评税方法和工作流程，形成一套较为完善的评税工作体系。

1.2.3　国内外文献研究的评述

通过对国内外研究文献的归纳和总结，不难看出，国内外学者对房地产税的研究内容丰富，覆盖理论与实践的各个方面，为进一步的研究奠定了坚实的基础，也提出了尚需继续研究的方向和视角。从房地产税改革的理论角度看，国外学者围绕房地产税的性质及其对社会经济系统的影响进行了较多深入的探讨，其研究成果对房地产税改革实践起到了一定的指导作用。国内的研究要取得实质性进展，就必须以基础理论研究为起点，才能得出有说服力的结论，而这恰恰是当前国内对房地产税研究的瓶颈，虽然国内关于房地产税的研究文献汗牛充栋，但主要是以中国房地产税制为考察对象的对策性研究，是服务于改革实践的规范性研究，缺乏理论支撑，从宏观经济学角度进行的一般理论分析非常少见。近几年来，国内学界开始重视对房地产税的经济效应的研究，但由于研究方法使用及相关基础数据缺乏，对房地产税的经济效应研究主要集中在房地产税与地方政府、房地产价格以及优化房地产资源配置的关系这些议题上，对房地产税的再分配效应进行研究的文献很少，尤其是缺乏利用现代经济理论和计量经济模型进行理论分析和实证研究，因此，关于房地产税的理论和经验研究都亟待向更科学、更客观、更具体的方向转移。一是房地产税对居民收入和财产分配影响的作用机理研究。结合当前中国实际，从财产的视角，构建适当的理论模型，研究房地产税对居民分配的客观影响，是值得本书研究的重要命题。二是采用计量经济模型分析我国房地产税对居民再分配效应的经验证据，厘清我国房地产税与居民收入和财产分配之间的关系（何泳仪，2013）。本书将致力于从财产的角度，研究房地产税的再分配效应，力求能够有所突破和创新。

1.3　研究内容与框架

本书遵循社会科学实证研究的基本思路，按照文献梳理、概念界定、理论分析、现状分析、实证研究、政策设计的研究路径进行。具体研究框架如图 1 - 1 所示。

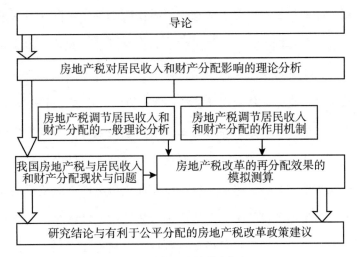

图 1-1 本研究的基本框架

按照上述思路，本书分为 6 章：

第 1 章，导论。论述本书的选题背景、研究目的和意义、采用的研究方法、研究内容与框架、主要创新与不足、国内外文献综述。

第 2 章，房地产税调节居民收入和财产分配的一般理论分析。明确收入和财产分配及房地产税的相关概念和内涵，并将本书的研究界定在财产税属性的房地产税对居民收入和财产分配的影响和调节作用，通过收入与财产、财产性收入的关系，引入房地产税调节收入和财产分配的作用路径，即影响收入、财产性收入进而影响居民财产分配格局，找出两者之间的联系，在此基础上，提出房地产税调节收入和财产分配的理论依据。

第 3 章，房地产税调节居民收入和财产分配的作用机制。首先运用现代理论模型，分别从平均税率和税收归宿的视角研究房地产税的再分配效应；再以此为依据，分析房地产税对收入和财产分配的影响机理，最后找出房地产税再分配效果的影响因素。

第 4 章，我国房地产税制调节居民收入和财产分配的现状与评价。

运用国家宏观经济运行的相关数据，分析我国当前居民收入、财产性收入、财产分配的基本态势，梳理出现行政府再分配的税收体系；研究现行房地产税收体系的现状、问题，对现行房地产税收体系的再分配效果进行实证分析，提出房地产税改革的必要性和紧迫性。

第5章，房地产税改革的再分配效应的模拟测算。利用城乡居民家庭调查关于居民收入和住房情况的微观数据，以居民收入分配效果的衡量标准为依据，针对目前房地产税改革的几种可能方案，分别对居民住房征收的房地产税情况进行详细的模拟测算，比较税前税后居民的税收负担和收入分配情况，研究房地产税改革以后不同人群的收入状况将产生的变化，为方案的选择提供再分配视角的实证依据。

第6章，结论与政策建议。整理前5章研究得出的主要结论，并以此为依据，提出有利于公平分配的房地产税改革的具体政策建议。具体的政策建议包括改革目标和原则、税制框架和具体要素的设计，以及相应的征管与配套政策建议。

1.4　研究方法与不足

1.4.1　本书的研究方法

1. 文献研究法

科学研究的前提就是要分析相关文献，既可以吸收前人的研究成果，又可以避免重复性科学研究，能够站在巨人的肩上，从更高的起点进行研究，才可能获得有创新、有价值的研究成果。本书从国内文献和国外文献两个层面对现有关于房地产税与收入分配的相关文献资料进行了归纳和总结。具体而言，国内学术界研究的关注点集中在房地产税的经济影响和房地产税改革措施等方面。国外文献主要包括房地产税的性质、房地产税的经济效应和房地产税改革实践三个领域。在仔细研读上述文献的基础上，笔者选择从再分配的视角对房地产税改革进行研究。

2. 理论分析法

在本书的研究中，运用理论分析的方法，从税收理论、居民收入分配理论等视角出发，利用相关理论分析框架，来研究房地产税调节居民分配的理论依据，房地产税对收入和财产分配的影响机理，找出房地产税的再分配效果的影响要素。

3. 实证分析法

实证分析重在对经济现象的内在规律进行客观分析，提出更令人信服的解释结论。本书以现实数据为基础，大量运用实证分析方法研究房地产税的再分配效应。例如，利用STATA软件对居民家庭的收入和住房情况进行描述性统计及计算基尼系数等指标；运用房地产税改革的微观模拟模型，利用2011年中国家庭金融调查的微观家庭数据，分析各种可能的征税方案的再分配效应；利用Eviews软件分析我国现行房地产相关税种对收入分配的调节效果；等等。

本书采用的实证分析数据来源于中国家庭金融调查与研究中心对2011年中国家庭金融调查（简称CHFS）的抽样统计数据，共覆盖了全

国 25 个省区市、80 个县、320 个社区，有效样本共 8438 个家庭，涉及
人口、家庭资产、负债、收入、消费、保险、保障等各个方面的数据。
本书研究房地产税的再分配效应，所以主要使用了关于人口、地区、家
庭收入、住房面积、住房价值等相关指标的数据。

4. 制度分析法

对房地产开发中相关税种的发展变迁和现状进行分析，并归纳出各
税种的发展特点，以及当前出现的问题。在此基础上，就我国房地产税
改革提出有利于公平分配的对策与建议。

1.4.2　本书的创新点与不足

通过从再分配视角对房地产税的深入研究，本书具有如下创新之处：

第一，研究视角上的创新。现有文献对房地产税的研究可谓汗牛充
栋，但主要都是围绕地方政府财政、房地产市场等角度对房地产税展开
研究，很少学者从收入和财产的再分配视角来研究房地产。即使有部分
学者在对调节收入分配的税制体系及房地产税的总体研究中有所涉及，
也多是点到为止、泛泛而谈，缺乏系统性和研究的深度。鉴于此，笔者
从现有文献出发，运用理论分析、实证分析、实地调查等方法，从收入
和财产的再分配视角对房地产税进行了深入、系统的研究。

第二，运用房地产税改革的微观模拟模型，利用 2011 年中国家庭金
融调查的微观家庭数据，设定六种可能的征税方案，通过平均税负和税
前税后基尼系数的变化来分析房地产税改革各种征税方案下的再分配
效应。

第三，从公平分配的角度，提出对房地产税改革的政策建议，认为改革目标应该以调节分配为主，兼顾财政收入，以"简税制、宽税基、低税率、严征管"为原则，将现有的房地产直接相关的五个税种一起并入房地产税，土地、房产共同征税。在具体税制要素设计上，要尽量拓宽征税范围，以房地产评估价为计税依据，实行低税率，慎重设置税收优惠，确定专向税收用途，赋予地方政府更多的税权等，并对改革配套政策的完善也提出政策建议。

受笔者研究能力和研究环境的限制，本书还存在以下局限和不足：

第一，理论模型分析还较为粗略，差强人意。本书对房地产税的再分配效应的一般均衡分析仅运用拉姆齐模型，将房地产当作完全的资本品来分析房地产税的资本税效应，而没将房地产税的多重特性都融入模型中加以分析。如果要全面分析房地产税带来的影响，最好通过可计算的一般均衡方法进行分析，但需要收集的数据量非常大、计算量也非常大，本人由于能力和精力原因，并未采用这一方法进行研究，所以研究效果还不够理想。

第二，对上海和重庆房产税试点改革的效果受数据获得的局限性而无法深入分析。2011年以来，上海、重庆开始进行个人住房房产税改革试点，两地关于试点改革的个人房产税税收收入、征收面，官方对外公布的数据非常有限，仅在2011年试点之初发布了少量零碎的信息；而对于试点地区住房的具体分布情况以及住房与纳税人可支配收入之间的关系这些重要信息也需要通过实地调研才能取得，受本人时间和精力的限制，未能专门针对上海、重庆进行调研。受这些相关数据缺乏的影响，本书对上海、重庆试点改革的实际效果未能更为客观、准确地分析和评价。为弥补这一缺陷，本书第5章的模拟测算中加入了上海、重庆房产税试点政策的方案内容，因此，模拟测算的结果也能较为清晰地反映出试点改革政策的再分配效果。

第三，模拟测算仅出于收入分配视角，未能综合考虑财政收入效果和对房地产市场可能带来的影响，所以得出的研究结论的实用性具有一定的局限性。本书选择的研究视角侧重于房地产税的再分配效应，故关于房地产税对地方财政收入、房地产市场的影响无法兼顾，而房地产税带来的这些影响也必然会对收入和财产分配产生进一步的影响，比如房地产税以房价为媒介对居民财产的规模产生影响，从而进一步影响居民的收入和财产差距。在政府收入方面，房地产税创造的收入和公共产品的分配会影响居民收入和财产差距，本书仅从纳税人税负方面研究得出的结论毫无疑问会有所偏颇，影响了研究结论的实用性。

总体而言，基于再分配视角的房地产税研究还处在探索阶段，笔者尝试性构建的分析架构，仍有许多缺陷和不完善之处，这些缺陷和不完善之处也将是笔者进一步深入研究的方向。

2

房地产税调节居民收入和财产
分配的一般理论分析

2.1　居民收入和财产分配的一般界定

2.1.1　相关概念、内涵的界定

1. 收入、财产和财产性收入

对于收入的定义，于光远（1992）主编的《经济学大词典》界定为"一是企业在生产经营过程中形成的资财流入或债务消失或两者兼而有

之，二是预算收入，三是个人所得。"本书的研究视角是居民收入和财产分配，所涉及的收入就属于其中第三项内容，即个人所得。经济学对个人所得的界定，采用的是黑格 – 西蒙斯（Haig – Simons，H – S）定义：所得是在一定时期内，个人消费能力净增加的货币价值，包括在此期间的实际消费额和财富净增加额。这个界定更能体现公平，但在税收实践中对潜在消费的增加额如住房的估算租金等存在衡量的困难，因此，统计学中，居民收入是居民从各种来源所取得的现期收入的总和，既包括现金收入，也包括实物收入，按《中国统计年鉴》的统计范围，包括工资性收入、经营性收入、财产性收入和转移性收入；按统计口径，又分为居民总收入和居民可支配收入，两者的差异见如下的计算公式：

可支配收入 = 家庭总收入 – 交纳个人所得税 – 个人交纳的社会保障
支出 – 记账补贴

财产是指拥有的金钱、物资、房屋、土地等物质财富，具有金钱价值、并受到法律保护的权利的总称，包括动产和不动产。与"财产"相关的词是"财富"，西方经济学对财富的典型而通用的定义出自戴维·W. 皮尔斯主编的《现代经济词典》："任何有市场价值并且可用来交换货币或商品的东西都可被看作是财富。它包括实物与实物资产、金融资产，以及可以产生收入的个人技能。当这些东西可以在市场上换取商品或货币时，它们被认为是财富。财富可以分成两种主要类型：有形财富，指资本或非人力财富；无形财富，即人力资本。"[1] 可见，财产是有形财富，是财富的组成部分。

---

[1] 姜百臣. "财富"概念释义［J］. 山东经济，1995（2）.

对于财产性收入的定义，学者们争议较多，最为权威、详细的就是国家统计局在《中国城市（镇）生活与价格年鉴》中的界定：家庭拥有的动产（如银行存款、有价证券）、不动产（如房屋、车辆、土地、收藏品等）所获得的收入。包括出让财产使用权所获得的利息、租金、专利收入；财产营运所获得的红利收入、财产增值收益等。按国家统计局的定义，财产性收入与工资性收入、经营性收入、转移性收入一起组成了居民的总收入。

显然，财产是居民在某一时点所拥有的非人力资产的存量，是一个时点上存量的概念，而收入则是居民在一定时期内来自人力或非人力资产的收益流，是时期内流量的概念，两者性质截然不同。但二者存在着密切的互动关系，一方面个人的总收入在满足消费之余，会形成财产的积累，也就是说，收入也是财产的来源，个人的收入越高，其财产的积累就越快；另一方面，财产会产生财产性收入，是收入的一种来源，因此，个人拥有的财产越多，其财产性收入也会越多，进而总收入也会越多。

鉴于本书的研究内容是房地产税的再分配效应，房地产是居民拥有的主要财产，笔者在研究中将主要从财产、财产性收入、总收入这三个指标来分析问题，其中：用财产的概念从整体上考察居民拥有财产总量的情况，衡量不同居民之间的贫富差距；用总收入的概念从总体上考察居民收入差距；用财产性收入的概念则可以考察居民财产量的变化情况，并了解财产性收入在居民收入中所占比重及其对收入差距的影响。上述几个相关概念之间的关系如图 2 - 1 所示。

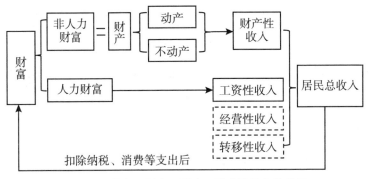

图 2-1　收入、财富、财产、财产性收入的关系

2. 收入和财产分配

收入分配，即国民收入分配，是指社会产品或国民收入在国民经济各部门、各生产单位和非生产单位以及居民中的分配过程。经济学对收入分配的研究有两个维度，一是功能收入分配；二是规模收入分配。功能收入分配又称要素贡献收入分配，是指收入在资本、劳动和土地等生产要素之间的分配，是从收入来源的角度研究收入分配，关注的是资本和劳动的相对收入份额。规模收入分配即个人收入分配，也是我们通常所说的居民收入分配，是指国民收入在一个国家（或地区）的不同社会阶层、不同家庭以及居民个人之间的分配状况，关注的是不同阶层的人口或家庭得到的相对收入份额。功能收入分配主要关注国民收入的初次分配，而规模收入分配主要关注国民收入的最终分配。功能收入分配和个人收入分配是紧密联系的。通常情况下，高收入者往往以资本要素收入为主要来源，低收入者则以劳动要素收入为主，功能收入分配差别越大，个人收入分配差别也越大①。当政府对资本收入征税时，会降低高收

---

① 吕冰洋. 我国税收制度与三类收入分配的关系分析［J］. 税务研究，2010（3）.

入者的相对收入，缩小个人收入分配差距，因为高收入者的资本收入占比高于低收入者。

财产分配，也称财产分布，是指财产存量在居民个人（或家庭）间的配置状况。由于收入与财产之间的密切联系，财产分配与收入分配之间也是密切相关，居民的收入能够形成财产并影响财产分配，而财产也可以获得财产性收入进而加剧总体收入差距。

古典经济学对收入分配的研究集中于从生产要素角度入手，从而形成生产要素分配理论，到 20 世纪 50 年代，收入分配研究的重心由功能收入分配转向个人收入分配，即从国民收入在工资、利润间的分配转向由基尼系数描述的个体之间收入分配的不平等，成为经济理论研究持续的热点。在我国，收入分配思想渊源久远，最早源于孔子的"不患寡而患不均"，对收入分配问题的经济学理论研究则比较晚，始于改革开放之后，研究轨迹也是从功能收入分配开始，到 80 年代末，研究重心逐渐转向了个人收入分配。本书的研究宗旨在于房地产税对居民的收入和财产分配差距的调节效果，因此属于个人收入分配的研究维度。

3. 收入分配的三阶段

在传统的收入分配理论中，整个收入分配过程可以分为初次分配和再分配两个阶段。在此基础上，厉以宁教授提出了第三次收入分配阶段。

（1）初次收入分配。初次收入分配是指国民收入在各生产要素所有者以及政府之间的分配，分配的结果是：劳动者获得工资收入，土地所有者获得地租，资本所有者获得利息、股息、红利或未分配利润，政府获得生产税。市场经济条件下，初次收入分配主要是通过市场机制来实现。经过初次收入分配后所形成的收入分配格局，属于功能性收入分配的范畴。

（2）收入再分配。收入再分配是指在初次收入分配结果的基础上，政府通过税收和财政补贴等政策手段对国民收入进行再分配的过程。在这一阶段，政府起主导作用，通过征收所得税减少部分单位和个人的收入，通过征收财产税调节个人的财产存量，通过社会保险费、社会救济支出等增加部分个人的收入，最终形成各部门的可支配收入。收入再分配的格局属于规模收入分配的范畴。实质上，收入再分配是政府为纠正市场进行初次分配形成的偏差而实施的收入转移过程，其目标是使收入分配更加公平。

（3）第三次收入分配。厉以宁教授认为，个人出于自愿，在习惯与道德的影响下把可支配收入的一部分或大部分捐赠出去就被称为第三次收入分配[1]。这种提法将私人部门之间自发的转移性支出与政府主导的再分配区分开来，为调节收入和财产分配差距提出了新的渠道。特别是对中国当前现实而言，这无疑是一条具有极大潜力的渠道。虽然第三次分配主要靠道德和社会责任感起作用，但政府也并不是完全无能为力，从西方经验来看，政府可以通过对公益事业捐赠给予免税，鼓励更多的人把自己的财产用于公益事业，成为收入再分配的有力补充，使社会分配更趋公平。

收入分配的三阶段中，初次分配是基础环节，再分配是使分配结果更趋公平的重要保证，而第三次分配则是对政府再分配职能的有力补充。本书要研究的房地产税就属于再分配的范围，是政府通过对房地产所有

---

[1] 厉以宁：通过三次分配解决收入分配难题［EB/OL］. 人民网 - 理论频道，2010 - 06 - 23.

者征税来调节个人财产的存量和财产性收入，辅以税收收入的支出调节，达到缩小收入和财产分配差距的目的。

2.1.2　收入和财产分配差距的衡量指标

一个经济社会的收入和财产分配公平与否，常以分配差距的大小作为判断标准。收入和财产分配差距是指居民的高低收入水平和财产水平差别或占有收入和财产比重的不同而表示的差距。收入和财产分配差距的准确测度是政府进行再分配的出发点和政策依据。学者们经过不断探索和积累，从不同角度提出了很多衡量收入和财产分配差距的测度方法和指标。这些方法各有优缺点，适用范围也各不相同，按刘志伟的划分，可分为份额比例测度法、普通离散系数测度法和收入集中度测度法三大类，每一大类又包括多种指标[①]。这里将对研究中常用的，也是本文中将用到的几种方法归纳如下：

1. 洛伦兹曲线和基尼系数

洛伦兹曲线是由统计学家洛伦兹（M. O. Lorenz）为研究收入与财富分配不平等问题而提出的。这一方法是将研究样本的个人（或家庭）收入（或财富）从低至高进行排序得出人口累计百分比和对应的收入累计百分比，在横轴是人口百分比、纵轴是收入百分比的平面坐标中绘制出一条曲线，这就是洛伦兹曲线，通过对比洛伦兹曲线与代表平均分配的45°线之间的偏差，就能清晰辨别收入分配的不平等程度（见图2-2）。

---

① 刘志伟. 收入分配不公平程度测度方法综述［J］. 统计与信息论坛，2003（9）.

曲线偏离45°线越远，表示收入和财产分配差距越大；反之亦然。

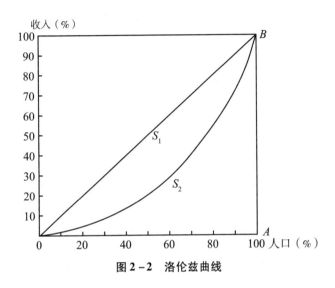

图2－2　洛伦兹曲线

用洛伦兹曲线来评价收入和财产分配差距，比较形象、直观，但无法用数值准确反映收入和财产分配差距，而且当多条曲线相交时就无法判断孰优孰劣。意大利经济学家基尼（Gini，1921）解决了这一难题。他以洛伦兹曲线为基础，提出了能准确衡量收入或财富分配不公平程度的指标，即基尼系数。洛伦兹曲线与45°线之间的部分 S_1 称为"不平等面积"，当所有收入集中于一人时，收入分配达到完全不平等，洛伦兹曲线就变成一条折线，即 OAB，与45°线之间的面积就达到最大（$S_1 + S_2$），称为"完全不平等面积"，基尼系数就是不平等面积与完全不平等面积之比，即

$$G = S_1 / (S_1 + S_2)$$

因为（$S_1 + S_2$）是一个正三角形，面积为 $1/2$，所以

$$G = 2S_1$$

这样，只需要计算面积 S_1 的值即可求得基尼系数。经济研究中，我

们面临的往往是离散分布的样本收入资料，此时常用的方法有几何方法、直接计算的基尼平均差法和协方差法①。考虑到几何方法的精确性要求、基尼平均差法计算繁琐，而协方差法计算最为简便，而且可以通过统计软件来计算，本文将采用协方差法来计算基尼系统，它的计算公式如下：

$$G(y) = \frac{2}{n\bar{y}}\mathrm{cov}(y_i, \ i)$$

其中，n 为样本总数；i 为变量 y 从小到大排列的序数，即 $i = 1$，2，3，…，n；$\bar{y}$ 为变量 y 的均值，即 $\bar{y} = \frac{1}{n} \sum\limits_{i=1}^{n} y_i$。

由图 2 - 2 可知，基尼系数的取值在 0 ~ 1 之间，分配最平均时 S_1 为 0，基尼系数为 0，完全不平等时则为 1。对于基尼系数取值多少为宜，更多的属于价值判断的范畴，但国际上有一个公认的标准范围：基尼系数小于 0.2 表示绝对平均；0.2 ~ 0.3 表示比较平均；0.3 ~ 0.4 表示基本合理；0.4 为警戒线，超过则表示收入差距偏大；超过 0.6 就属于收入差距悬殊，处于危险状态。正因为基尼系数较为直观、客观地反映和监测居民之间的收入和财富分配差距，及时预警贫富两极分化，在政策分析和实证研究中得到了广泛认同和普遍应用，成为经济学中衡量收入和财富分配不平等最重要的指标。

如果要进一步研究不同收入来源对收入分配差距的影响，费景汉、芮尼斯和科尔（Fei, Rainis & Kuo, 1978）提出了一个分解公式，杜鹏②

---

① 范新英，冯江茹. 基于离散分布状态下基尼系数算法的总结 [J]. 统计与决策，2009 (22).

② 杜鹏. 经济发展中的城市居民收入分配问题研究——深圳市和重庆市的实证分析 [D]. 重庆大学，2012.

运用该公式对深圳市居民人均收入基尼系数按四种来源进行分解，在本书研究中也将采用该方法财产性收入对分配差距的影响。假设居民收入 y 由 j 种收入来源构成，即 $y = \sum x_j$，第 j 种收入来源的基尼系数为

$$G(x_j) = \frac{2}{n\bar{x}_j} \text{cov}(x_j, i)$$

总收入的基尼系数可变换如下：

$$G(y) = \frac{2}{n\bar{y}} \text{cov}(y_i, i) = \sum \frac{\bar{x}_j}{\bar{y}} \frac{\text{cov}(y_i, i)}{\text{cov}(x_j, i)} \frac{2}{n\bar{x}_j}$$

$$\text{cov}(x_j, i) = \sum \phi_j R(y, x_j) G(x_j) \tag{2.1}$$

其中，$\phi_j = \dfrac{\bar{x}_j}{\bar{y}}$ 为特征收益权数，表示第 j 种收入来源占总收入的比例；

$R(y, x_j) = \dfrac{\text{cov}(y_i, i)}{\text{cov}(x_j, i)}$ 为第 j 种收入与总收入之间的序数相关比。

这样总收入的基尼系数就被分解为各种收入来源基尼系数的加权和，从而得以分析各种收入来源对总体差距的贡献率，这是更有针对性、更准确地调节收入和财产分配差距的前提和基础。

2. 等分法

相对于基尼系数，等分法是一种更为简单易行的测定收入或财富不公平程度的方法。具体方法是，先将所有个人或家庭按收入由低至高进行排序，再划分若干等份，一般为五等分或十等分，再计算各等份人口的收入总和及所占比重，将最高收入人群与最低收入人群的收入进行比较，可得一系列衡量指标。最常用的等分法是五等分，即把排序后的居民或家庭分为五个阶层，每个阶层占 20%，计算出高低收入倍数来反映一个国家或社会的收入和财产分配差距。以等分法为基础的收入分配不

平等测度指标主要有：

（1）库兹涅茨比率。把各个阶层的收入份额与人口份额的差额的绝对值加总起来，就是库兹涅茨比率，取值最小为 0，比率越大，表示收入差距越大。

（2）库兹涅茨指数。它是在五等分的基础上，用收入最高的 20% 人口所占有的收入份额来测度一个国家或地区的收入分配不平等程度，取值最小为 0.2，数值越大，则收入差距越大。

（3）收入不良指数。它也是五等分的基础上，用收入最高的 20% 人口的收入份额与收入最低的 20% 人口的收入份额之比来衡量收入差距，取值最小为 1，指数越高，表示收入差距越大。

（4）阿鲁瓦利亚指数。它是用收入最低的 40% 人口的收入份额来测度收入差距，取值最高为 0.4，数值越小，表示收入差距越大。

等分法有利于考察不同收入阶层之间的收入不平等程度，计算简单，但对于收入分配的深层次问题则无能为力，所以只能对基尼系数等测度指标起到辅助和补充作用。

3. 广义熵指数

熵是信息理论的一个概念，指平均信息量。广义熵指数法，也称 GE 指数法，由夏洛克斯（Shorrocks，1980，1982，1984）提出，运用信息理论来测定收入和财产分配差距，计算人口比重转成收入比重的信息所含的期望信息量，这就是广义熵指数。由选择的熵标准（c）的不同，可得出一系列指数，有泰尔 L 指数（$c=0$）、泰尔 T 指数（$c=1$）[①] 和阿特金森指数（$c<1$），变异系数也是在 $c=2$ 时的 GE 系数的平方。其中泰尔 L 指数是研究收入不平等最常用的指标，一方面在于它可以将总差距完全分解为组内差距和组间差距，清晰、准确地衡量组内差距和组间差距对总差距的贡献，另一方面由于 $c=0$ 代表对低收入水平的变化更敏感，比较符合对收入不平等的价值判断。这就弥补了基尼系数分解时出现交叉项和对中等收入水平的变化非常敏感的不足。泰尔 L 指数的计算公式如下：

$$T = \frac{1}{n} \sum_{i=1}^{n} \log \frac{\bar{y}}{y_i} \tag{2.2}$$

其中，n 为样本中个体总数；y_i 为个体 i 的收入；$\bar{y}$ 则为样本平均收入。

如果把人口或家庭按某种特征进行分组，则泰尔 L 指数就可以被分解为

$$T = I_w + I_b = \sum_{j=1}^{m} \left[\frac{n_j}{n} \left(\frac{1}{n_j} \sum_{i=1}^{n_j} \log \frac{\bar{y}_j}{y_i} \right) \right] + \sum_{j=1}^{m} \left(\frac{n_j}{n} \log \frac{\bar{y}}{\bar{y}_j} \right) \tag{2.3}$$

其中，m 表示样本总数 n 被分为 m 个组；n_j 表示第 j 组的个体数；y_i 表示第 j 组中个体 i 的收入；$\bar{y}_j$ 表示第 j 组的平均收入；$\bar{y}$ 则为全部样本平均收入；式中画线部分各组的泰尔 L 指数；I_w 表示组内差距，I_b 则表示组间差距。

除了上述常用的指标外，测度收入和财产分配差距的指标还有很多，如标准差、离散系数、贫困指数、恩格尔系数、沃尔夫森"极化指数"等，不再赘述。

---

① 一些学者将 $c=1$ 时的泰尔 T 指数直接称为泰尔指数，也有将泰尔 L 指数直接称为泰尔指数的，本书明确区分两者。

总而言之，上述指标都是从不同角度来衡量收入和财产分配差距，有的用于衡量总体差距，有的侧重于反映不同阶层、不同特征人群的收入差距。各类指标都有其各自的适用范围，也各有优缺点，因此，我们要根据研究需要和数据的具体情况，同时选择若干适当的指标来测度，尽量避免使用不当或选择单一指标可能出现的偏差甚至是错误，才能更为客观、准确地分析问题和更为有效地解决问题。

2.1.3 造成居民分配差距的主要因素

收入的差别源于收入来源的差别，而收入来源主要集中体现在劳动与财富之上。造成居民分配不平等的原因较为复杂，有个人因素，也有市场因素，还有非市场因素，各国还有其各自特殊的因素。一般而言，导致居民分配不平等的具体因素有：

（1）个人之间的自然差异以及生活中的不确定性。由于人们在天赋、健康、身体体质、智慧、心灵等方面的差异，个人之间的自然差异是必然的。在市场主中，这些自然差异导致个人劳动能力的差异，从而获得的劳动者报酬也存在个人差异，个人后天受教育和培训的程度不同，也会带来劳动收入的差异，受教育程度越高，获得高收入的机会就越多。此外，生活中的不确定性也必然会导致个人之间的收入和财富出现不平等。

（2）个人拥有财富的差异。正如萨缪尔森等[1]所指出的那样，"收入

---

① 保罗·A. 萨缪尔森，威廉·D. 诺德豪斯. 经济学［M］.12 版. 中国发展出版社，1992：945.

差别的一个重要的决定性因素是财富上的差异"。一方面,个人之间的自然差异和生活中的不确定性带来的收入差距,进一步带来个人储蓄水平的差异,财富积累的水平和速度出现差异;另一方面,财产的继承和赠与使得个人之间的财产禀赋直接存在差异。这些因素导致个人拥有的财富水平差异,进而以资产所有者身份从市场经济中分配到的财产性收入进一步拉开个人收入差距。如果没有再分配政策的干预,这种差距会不断自我强化,形成贫富悬殊、两极分化的结果。因此,财产分配的不平等是分配不平等得以存在并不断恶化的一个重要因素。

(3)市场的非完全竞争性因素。如果仅仅是完全竞争的市场行为带来的收入分配不平等,往往能为人们所接受。但现实中的市场经济很难成理想中的完全竞争市场,各国政府都会将某些影响国计民生的行业垄断起来,造成行业之间的资本和劳动力的流动受到制约;信息不对称带来的寻租行为为寻租者带来市场以外的高额租金收入;等等。这些因素都决定了市场价格的非完全竞争性,造成个人收入的差异和不平等问题。

(4)政府的再分配因素。由于个人自然差异和生活中的不确定性带来的分配不平等都属于初次分配领域的问题,最终分配结果的差异还取决于政府的收入再分配能力。自从第一次经济危机的爆发,各国政府都开始不断加大对社会经济的干预力度,对于收入分配采取税收政策、财政支出、转移支付等一系列调节手段,将初次分配的不平等降到人们可以接受的范围内。那么,政府实施的政策制定的合理性、实际运行效果都直接影响到最终分配结果的公平性。

2.2 房地产税调节居民收入和
财产分配的理论分析

2.2.1 房地产税及其经济属性

1. 房地产与房地产税的概念界定

在现代社会中，房地产不仅是一种实物形态，更意味着一项法律权利，所以很多国家都对房地产的概念进行了法律上的界定。目前我国尚未确立法定的房地产概念。房地产经济学中界定范围最广的定义是，房地产指土地及地上定着物以及同地上利用相联系的地下改良物；同时，还包括以上组成部分所衍生的各种权利①。房地产包括房产和地产，由于二者在实物和价值上的不可分割性，所以人们习惯上合称其为"房地产"。此外，房地产具有不可移动性，或移动后性质会发生改变，因而也常被称为不动产，在我国香港地区还被称为物业。根据土地利用方式，房地产可以分为工业房地产、商业房地产、住宅房地产和特殊房地产②四种类型，纳入经济学研究的主要是前三类房地产，也是政府征税的标的范围。

---

① 谢经荣，吕萍，乔志敏. 房地产经济学 ［M］. 中国人民大学出版社，2013.
② 特殊房地产是指除前三类用途外的其他特殊用途的房地产，包括政府、军队、学校、宗教所拥有的房地产及历史文化建筑等。

从经济学角度来看，房地产具有多重属性，一是消费品，而且是生活必需品，为个人提供生活的场所；二是生产要素，为企业提供生产经营的场所；三是资本品，为持有者带来投资收益和资产增值收益；四是一种财产，它通常价值量大，而且从长期来看，一般会随着经济发展而自然增值，所以是人们生产、生活中最具体、最重要的一种财产形式。此外，因房地产带来的住房问题、社会保障问题等都是关系到社会经济稳定的社会问题和政治问题。可见，正是因为房地产的多重特性，所涉及的问题复杂多样，才需要我们专门深入、审慎地研究对房地产征税问题。

房地产税的概念有广义与狭义之分。广义上的房地产税是指以房地产为课税对象的各税种的总称，涉及房地产取得、转让和保有各个环节，分别属于流转税、所得税和财产税几大类。狭义上的房地产税是以纳税人所有或由其支配的房地产为课税对象，在房地产保有环节征收的一种财产税，在一些国家也被称为不动产税、物业税、财产税[①]等。可见广义上的房地产税体系包括狭义上的房地产税。目前各类文献所指的房地产税有的界定为前者，有的界定为后者，所以有必要明确，本书所研究的房地产税是狭义上的房地产税，仅征收于房地产保有环节。

按照房地产税的课征方式，可以分为以下两类：一类是土地与房产合并征税，称房地产税、不动产税或财产税，另一类是对土地与房产分别征税，分设两个税种即土地税和房产税。

正是因为具有前文所述的多重优良特性，房地产才成为世界各国征

[①] 财产税的内涵也有广义、狭义之分，广义的财产税是对持有环节的包括房地产在内的各类财产征收的税收体系，也就是财产税类；狭义的财产税仅指一些国家将其房地产税称为财产税，此处指的是后者。下文中所提到的财产税均泛指财产税类。

收财产税的首要对象，也使房地产税在各国税制中都具有不可替代的地位，进而成为税收理论研究的重要内容。

2. 房地产税的经济属性

房地产税是世界各国普遍征收并将其作为广泛课征的一个重要税种，也属于财产税体系中的首要税种。房地产税之所以受各国青睐，与以下几个重要的经济属性密切相关。

（1）财产税属性——充分体现"量能负担"原则。

"量能负担"原则要求根据纳税人的纳税能力的大小来征税，纳税能力相同的人负担相同的税收，纳税能力不同的人负担不同的税收。按照古典经济学家魁奈的负税能力论，土地及其改良物所组成的房地产是衡量纳税能力的财富标准之一。根据"量能负担"原则，很多学者都主张对财产课税，如瓦格纳认为，应对最低生活费免税，而重课财产所得税；哈维·S. 罗森认为，在其他因素不变时，如果一个人财富越多，纳税能力越强，所以富有的人应承担更多的纳税义务。此外，根据城市经济学和房地产经济学理论，房地产市场的均衡价格随家庭收入的增加而上升，即房地产价格与家庭收入的高低成正比。因此，对房地产这一重要的财产征税，是能体现纳税人的纳税能力强弱的。

当然，要体现税负公平，必须以房地产的价值为计税依据。这是房地产税与房地产的市场价值直接联系的桥梁，然而在实践中带来了征管的难题。因为房地产的交易并不频繁，往往需要依靠评估手段才能确定其市场价值。要定期、精确评估辖区内所有房地产的市场价值，需要税务机关或评估部门掌握并不断更新房地产的相关数据，这无疑给税务机关的征管能力带来了挑战。因此，一些征管能力不足的国家，就寻求与市场价值相接近或与市场价值成正比的替代量作为计税依据，如历史交易价格、租金等，管理的难度就大大降低，但房地产税的公平性也会大打折扣。

房地产税以房地产价值计税还必然导致税基和税源的分离，这就带来房地产税的另一个特点，即税率普遍较低。对不频繁交易的房地产而言，往往是对评估价值，即未实现的价值征税，纳税人只能用当期的收入来支付税款。这样，纳税人拥有的财产价值与其当期收入不匹配时，如退休人士拥有房地产却只靠养老金维持生活，纳税人支付税款的能力就严重不足了。鉴于这一顾虑，很多国家房地产税的税率都比较低，税负较轻。如美国各地不动产税的税率大部分在0.8%~3%之间；法国的房地产税率在1%~3%之间；日本的不动产税的标准税率为1.4%[①]。此外，各国普遍制定一些免税政策，如对老年公寓免税，低收入人群免税等。

（2）"受益税"属性——充分体现受益原则。

按蒂伯特等的"受益论"观点，地方政府对辖区内的房地产征税，取得的税收收入用于地方公共服务或公共设施，如教育、道路、安全等方面，房地产会因此而增值，基于价值的房地产税收入也会增加，政府又可以取得更多的税收收入用于公共服务支出，这样就进入一个良性的循环。居民虽然支付了房地产税，但他们也为此享受了好的公共设施和公共服务，政府的公共支出以资本化的方式进入了房地产的价值，这就体现了"受益人纳税"的原则。

当然，房地产税并不必然体现受益原则，在"政府对房地产征税——

---

① 谢伏瞻. 中国不动产税制设计 [M]. 中国发展出版社, 2006.

政府提供公共服务—居民的房地产升值—政府可征更多的税收"这一征税逻辑中，隐含了几个蒂伯特的强假设：①政府对房地产征税的收入必须用于提供公共设施或公共服务，尤其是与房地产价值密切相关的服务；②存在多个相对均质社区，社区间的房地产税税负和公共服务内容、质量有一定的区别；③居民可以用"脚"投票，来选择合意的社区；④政府取得的房地产税收入与房地产价值成正向的变化关系。

（3）地方税属性——带来稳定的地方税源。

要符合蒂伯特模型下的强假设，房地产税就应该为地方税，由地方政府征收、管理、使用，这是实现房地产税征收机制的重要前提。而且，房地产的不动产属性带来了征管的便利，使其成为稳定的地方税源：一方面，由于房地产的物质表现，纳税人无法隐匿其财产来逃避税负；另一方面，作为不动产，房地产在空间上是不可移动的，以房地产为征税对象的房地产税就不会因为税收政策从一个地区流向另一地区，纳税人无法通过税基的流动来避税，也避免了地区之间的税收竞争。因此，世界上大多数国家都是把房地产税作为地方税，而且是主体税种。2009年，澳大利亚的地方税收全部来源于不动产税；加拿大的不动产税占地方税收收入的92.2%；新西兰的不动产税占地方税收收入89.5%；美国的不动产税占地方税收收入的71.8%。

房地产税作为地方税还有一个重要优势，有利于提高地方政府的行政效率和居民参与公共决策的积极性。在房地产税的征税机制中，地方政府和居民之间的利害关系比其他税种更为直接。对于政府而言，房地产税的征税机制使得政府更加关注公共支出的方向和效率，更倾向于以提高本地房地产的价值为目的，以便最大化未来的房地产税收入。对于居民而言，由于政府公共支出的方向和效率直接影响他们的财产价值，因而他们有极大的兴趣和利益冲动去参与政府公共支出的决策。

2.2.2 市场失灵与再分配——税收调节分配的必要性

收入分配的第一阶段即收入初次分配是由市场以效率为目标，按参与生产的各类要素贡献大小来完成分配的，充分认可个人禀赋的差异和财产的多寡，而现实经济中，个人的教育水平、个人能力等自然禀赋存在诸多差异，再加上非竞争因素的影响，市场分配带来的必然结果就是会出现收入分配不公平、贫富悬殊，这也是市场失灵的重要表现。面对不公平分配，政府进行收入再分配的理论依据有以下不同观点：

简单的功利主义认为社会福利是社会成员个人效用的函数，即

$$W = F(U_1, U_2, \cdots, U_n) \qquad (2.4)$$

假定其他条件相同，任何一个人的效用 U_i 增加，社会总福利 W 就会增加，那么，任何使某人的境况变好而又不使其他人境况变坏的收入再分配措施，都会增加社会总福利水平。因此，政府进行收入再分配的目标就是增加社会福利 W。式（2.4）有一个更能说明问题的重要特例，即可加总的社会福利函数：

$$W = U_1 + U_2 + \cdots + U_n \qquad (2.5)$$

可加总的社会福利函数（2.5）式中，假设个人效用函数相同，取决于各自收入水平；个人边际效用递减；收入总量固定，政府就有充分的理由进行收入再分配，最终目标是实现完全的收入公平。

在罗尔斯（John Rawls，1971）的极大极小准则下，社会福利函数则是

$$W = \text{Min}(U_1, U_2, \cdots, U_n) \qquad (2.6)$$

式（2.6）中，社会福利 W 仅取决于效用最低的个人的效用，所以政府再分配的目标就是使那个具有最小效用的个人的效用最大化。罗尔斯这一观点更符合人们的道德伦理观。事实上，政府的很多再分配政策，如最低生活保障、最低工资标准、最低住房保障等都符合这一理论依据。

显然，在上述个人主义框架下，每个人的效用仅取决于自己的收入，那么，在总收入固定的条件下，政府的再分配在使某些人境况变好的同时总是会使另一些人境况变坏，从这个意义上说，就不符合帕累托改进的条件。利他主义的收入分配论则解决了这一矛盾，当高收入者是利他主义者，他们的效用不仅取决于自己的收入，还取决于穷人的收入，这样，收入分配就产生了外部性问题，甚至可视为一种公共品，每个人都会受不公平程度的影响，政府通过再分配，使收入分配更加公平，每个人的境况都会变好，就具有帕累托改进的意义。

除了依据个人偏好得出的福利函数推导出再分配的理由，还有些思想家，如费尔（Fair，1971）等，更直接地认为，不公平本身就是不合意的，即使是功利主义所认可的在低收入者收入不变时增加高收入者的收入这种情形，或罗尔斯所允许的为提高最低收入者福利而产生的不公平，都是坏事，显然，这种观点更为极端和强硬。

相比之下，商品平均主义的观点则更为中肯，他们建议只有特殊商品才应公平分配，如选举权、战时基本食品等。政府为教育、卫生等基本公共服务均等化的提供更多地以此为理论依据，当然，有些商品的提供也受到了争议。

可见，无论是从个人主义还是非个人主义观点出发，虽然在假设条件上有些争议，但都在很大程度上支持了政府在收入再分配环节的介入，以实现社会公平目标。

2.2.3 税收制度是政府调节收入和财产分配差距的有力政策工具

作为政府的政策手段，税收的再分配职能最早由阿道夫·瓦格纳（Adolf Wagner，1931）在关注贫富悬殊问题而提出，他认为"从社会政策的意义上说，所谓赋税，就是满足财政上的必要的同时，不论财政上有无必要，以纠正国民收入的分配及国民财富的分配，借以矫正个人所得与个人财产的消费为目的所征收的赋课物"。随后，在经济危机背景下，凯恩斯学派、瑞典学派等从解决市场失灵的角度，主张政府通过税收政策调节经济，以累进税率的所得税实现重新分配的作用。马斯格雷夫（Musgrave，1959）在《财政学理论》中正式将收入分配职能列入财政的三大职能并进行了系统的论述，在理论界形成了广泛共识，也引导了税收实践的方向，为各国税制改革提供了理论依据。因此，税收不仅是国家取得财政收入的主要手段，更是政府调节实现收入再分配职能的重要工具。

税收的再分配作用主要是通过收入、消费和财产三个环节来挥发作用的，在居民取得收入的环节，企业所得税、个人所得税对达到一定收入水平的单位和个人进行征税，缩小可支配收入的差距；在居民消费环节，消费税通过选择一些高档奢侈品征税，使这些商品的主要消费者也就是高收入者间接负担更多的税款；在财产积累环节，一方面通过财产税对财产的持有价值进行征税，另一方面对财产带来的财产性收入征收所得税，使得拥有财产较多的高收入者多负担税款；这些税收起到了"削高"作用。同时，政府对低收入者或困难人群进行免税，并将从高收入者处征收的税款通过各种方式转移支付给低收入者，起到"补低"

作用，或提高基础性公共服务以增加机会公平，从而缩小收入和财产分配差距。

当然，这些税收制度并不必然带来收入和财产分配差距的缩小，税收制度的收入再分配职能的发挥、效果的好坏取决于税收制度要素的设计，包括纳税人、征税范围、计税依据、税率、税收优惠等具体要素。庇古（Pigou，1929）、马斯格雷夫（Musgrave，1948）等从不同角度证实了不同平均税率和边际税率结构对个人所得税的再分配作用的影响。奥博霍夫（Oberhofer，1975）用进一步用基尼系数分析个人所得税各税制要素的再分配效应，发现不仅税率结构具有再分配效应，税基的宽窄、减免税政策等都能在不同程度上产生了再分配效应。具体而言，征税范围越大，收入再分配效果越弱；从价计征的计税依据更具有调节分配的优势；累进税率往往比单一比例税率更有效；税收优惠的针对性直接影响到调节对象。此外，再完美的税收制度要实现较好的调节效果，都不可避免地需要严格高效的征收管理体系作为保障，一些国家的实践已经让我们看到，本应有效的税收制度由于征收管理的缺陷而未能有效调节收入分配。

总而言之，税收制度是政府促进居民收入公平分配的有力政策工具，对于调节居民收入和财产分配差距有着不可替代的特殊优势，是国家宏观调控的重要组成部分。

2.2.4 房地产税调节再分配的理论依据

1. 房地产税的财产税属性与财富再分配

政府要发挥再分配的职能，通过税收调节分配的作用点主要在于收入、消费和财富三大环节。政府通过由一系列具有不同功能、相互配合、相互补充的税种组成的完善的税制体系来实现各个环节的调节，包括调节消费的流转税、调节收入的所得税和调节财富存量的财产税三类。就收入、消费和财富三者的关系而言，财富既是收入的积累，更是收入和消费的来源和基础，因此，旨在对财富存量进行调节的财产税举足轻重，而且其调节作用是流转税、所得税无法取代的。作为财产税的首要税种，房地产税直接对房地产这一重要财富进行征税，其财富再分配的作用不言而喻。

收入、消费和财富不仅是政府调节贫富差距的三个支点，也是衡量纳税能力的三大标准。根据瓦格纳（Wagner）的"课税公平原则"，按纳税能力的大小进行课税，以求得实质上的平等，并不承认财富的自然分配状态。按照古典经济学家魁奈（Quesnay）的"负税能力论"，土地及其改良物所组成的房地产是衡量纳税能力的财富标准之一，在其他条件相同的前提下，私人拥有的土地财产或房地产越多，其负税能力也就越强。因此，开征房地产税符合负税能力原则。

此外，房地产税的再分配作用还体现在房地产税作为以土地这种特殊财产为征税对象的财产税，有利于抑制土地垄断，均分土地财富。因为土地垄断被看作是社会贫困的根源，所以对地租征税可以把集中在少数人手中由土地带来的高额利润集中到政府手中，政府再将其用于转移支付，消除社会贫困。

2. 房地产税的再分配效果取决于房地产税的累进性

房地产是否真的像前面所分析的理由那样，具有再分配功能，这种功能是积极的还是消极的？问题的焦点集中在房地产税的累进性上，而这也是目前关于房地产税最有争议的问题。

在前面第 1 章第 1.2 节的文献综述中已经总结了关于房地产税累进性的三种观点，在此做进一步的分析。第一种是"无关论"，持受益税观点的学者们将房地产税视为购买公共服务而支付的价格，也就不具有再分配效果。这一观点虽然支持者众多，其缺点在于假设条件过于严格，以至于与现实经济环境很难相符，而且政府征收房地产税事实上一定影响了收入分配，这点也无可否认。第二种观点是"累退论"，基于货物税的假设，运用局部分析方法，认为房地产税是以房地产价值为税基的货物税，因为房地产作为生活必需的消费品，低收入家庭在住房上的支出比例大于高收入家庭，相比之下承担的房地产税义务也较重，从而使得房地产税呈现出累退性。累退论的观点显然忽视了一个重要问题，房地产并非一般货物，它不仅是消费品，更是资本品，既可以用于投资获得投资收益，还可以保值增值。而且其所采用的局部均衡分析方法过于简单，很难有足够的说服力。第三种观点则是"累进论"，持资本税观点的米斯克斯基（Meiszkowski）、艾伦（Aaron）等学者克服了退累论的理论缺陷，基于财产税是资本税的假设，采用了一般均衡模型分析认为，房地产税负最终由资本所有者负担，也就是利润税效应，那么，拥有较多资本财富的高收入家庭承担的税收负担相对较多，即房地产税负相对于收入分布具有明显的累进性。即使在考虑资本的竞争性回报的情况下，会产生消费税效应，也仍然是利润税效应起主要作用。

"受益论"与"新论"对房地产税是否存在累进性的争议源自基本假设前提的差异，受益论假设房地产的不可流动性，但居民可以通过"用脚投票"实现选择和流动；新论则假设不动产资本可以全国范围内实现流动。就现实经济而言，从短期来看，房地产作为不动产，很难在不同区域间进行流动，但从长期来看，投资者既可以通过扩建来增加房地产投资，也可以通过抛售房地产投资，导致房地产贬值，从而实现资本的流动。因此，两种论点并不存在根本的冲突，只是从不同角度研究问题，而房地产税最终形成的再分配效应也就更符合现实情形。

累退论与累进论的争论源自房地产的经济属性，即房地产究竟属于消费品还是资本品，但从现实经济来看，房地产的保值增值功能使它成为天然的资本品，即使对于居民个人自住的房地产也同样具有这一属性，因此，累进论比累退论更有说服力。可见，从理论分析来看，关于房地产税再分配效应的存在性是基本确定的。本书将在 3.1 部分从平均税率和税负归宿两个视角出发，基于理论模型进一步推导证明房地产税的累进性。

3. 房地产税的地方税属性与再分配

房地产税的地方税特性常成为否定房地产税再分配职能的学者们攻击的理由，他们认为，公平分配如果属于公共品，那么应该算作是全国性公共品而非地方性公共品，而房地产税仅为地方税难以调节全国范围内的收入和财产分配差距，即使可以调节辖区内的分配，也会造成地区性差异。这其实是一个组内差距与组间差距的问题，按照泰尔指数的分解公式，收入和财产分配差距由组内差距和组间差距组成，我们不能因为其只能调节组内差距而全盘否定其调节作用。事实上，房地产税作为地方税，由各辖区根据自身的经济发展特殊性和需要调节的重点制定不同的税收政策，并可适时调整，对于调节本辖区内部居民的分配差距更具优势，与常被作为全国统一征收的个人所得税、社会保障税等在区域上形成互补，既考虑全国范围内的调节又考虑到不同地区内部的分配差异，互相配合，致力于共同目标。这就更显现出房地产税调节再分配的特殊作用。

4. 房地产的不可移动性与再分配

再完美的税种，如果不能严格征管，出现偷逃税问题，则其调节收入分配的期望最终都会落空。而房地产税的课税对象是不可移动的房地产，相对其他财产如现金、存款等属于无法隐匿的财产，就大大降低了纳税人侥幸偷逃税的机会。而且房地产通常需要向政府专门登记，有利于税务部门准确掌握税基情况，提高征收率。可见，房地产税的税基不可移动性是其收入分配效果实现的有力保证，这与难以征管的所得税、遗产税和赠与税相比，再次体现了房地产税调节收入分配的特殊优越性。

总的来说，房地产税调节居民收入和财产分配的职能是确定的，尽管也有一些争议，但不能从根本上否认房地产税的调节作用。只要对房地产税在深入研究其作用机制的基础上科学合理地进行税制设计，再构建有效的征管体系，就既能实现征税目标的明确定位，又可以发挥再分配的职能。

3

房地产税调节居民收入和财产
分配的作用机制

3.1 房地产税再分配机制的理论模型分析

对于税收的再分配效应，主要是研究其累进性，学术界一般从两个角度来进行理论模型分析的，一是平均税率的角度，研究纳税人实际负担税款的情况，判断税收是累进还是累退的；二是从税负归宿的视角，研究税收如何影响市场均衡，是否存在税负转嫁，最终由谁负担了税款，从而得出税收的再分配效应。对税负归宿的研究目前已经历了局部均衡分析法、一般均衡分析法两个阶段，由于局部均衡模型只研究一个市场的影响，与现实经济环境很难相符，一般均衡模型分析则更有效、更全面。一般均衡模型分析又包括以哈伯格模型为基础的静态一般均衡分析和动态一般均衡分析方法。本书将分别从上述两个角度研究房地产税的再分配效应，税负归宿的研究主要是运用局部均衡分析方法和动态一般均衡模型分析方法，其中一般均衡分析以无限期界的拉姆齐模型为基础，研究房地产税的再分配效应。

3.1.1 房地产税再分配效应的平均税率模型分析

1. 黑格—西蒙斯准则

黑格（Haig）和西蒙斯（Simons）对个人收入给出了一个最有影响力的定义，被称为黑格—西蒙斯准则，简称 H—S 准则。这一定义包含两点：一方面，任何使消费增加的所有潜在来源都必须计入收入；另一方面，个人潜在消费能力的下降都应该从收入中扣除。H—S 标准常被看作是决策者应该努力追求的理想目标，才能准确衡量纳税人的纳税能力，做到收入相同的人缴纳相同的税；从效率角度看，公平对待任何收入才不会扭曲经济活动的格局[1]。

2. H—S 准则下房地产税的平均税率

假设某居民拥有的住房，如果用于出租，可以每年获得租金收入 RI，假定是贷款购买的，则要每年支付利息 MI，住房在一年中价值增加了 ΔV。这样，住房带来的净所得 R 为：

---

[1] 哈维·罗森. 财政学 [M].7 版. 中国人民大学出版社，2006：302 – 303，350.

$$R = RI - MI + \Delta V$$

当这套住房用于自己居住，业主仍然获得收益 R，区别在于，出租时他得到的租金是显性的，自住则相当于支付给自己租金，或者说节约了租金支出，按 H—S 准则，这种隐性的租金收入也应当包括在收入中。如果税法对住房所有权的估算租金征税，实际上降低了拥有住房的价格，增加了居民对自有住房的需求，造成住房的过度投资，这不仅影响人们购买住房的数量，也影响到他们对成为房东还是房客的决策。从这个意义上说，我国目前的高自有住房比率与住房税收政策不无关系。

借鉴郭宏宝（2013）[①] 的方法，以 H—S 准则为标准，计算房地产税的平均税率。假设居民拥有的住房面积为 S，单位面积的住房市场价格为 P，单位面积的估算租金为 R，市场住房的租售比 $z = R/P$，居民的其他收入为 W，房地产税名义税率为 t，则在 H—S 准则下的平均税率 v 为

$$v = \frac{SPt}{SR + W} \tag{3.1}$$

由 $z = R/P$ 可得 $P = R/z$，代入式（3.1），则

$$v = \frac{SRt}{z(SR + W)} \tag{3.2}$$

式（3.2）对 R 求导，得

$$\frac{dv}{dR} = \frac{St}{z} \cdot \frac{W}{(SR + W)^2} \tag{3.3}$$

显然，（3.3）式为正，可以得出，在 H—S 准则下房地产税的平均税率会随着收入的增加而增加，因此房地产税是累进的。从影响累进程度的因素来看，税率越高，累进程度越高；租售比越高，则累进程度越

---

① 郭宏宝. 房产税改革的经济效应：理论、政策与地方税制的完善 [M]. 北京：中国社会科学出版社，2013：66.

低；与居民的其他收入水平也有关系。

3.1.2 房地产税再分配效应的局部均衡模型分析

在局部均衡模型中，对于房地产税的再分配效应究竟是累进还是累退，取决于房地产税的税负归宿，进而取决于房地产的供求弹性。本书赞同陈多长的观点，认为土地、土地改良物和房地产这三种课税对象的性质不同，从而供求弹性存在很大差异，税负转嫁的难易程度也就各不相同，需要分别讨论其税负归宿及相应的累进性。

1. 土地税是累进的

按古典假设，土地供给数量是固定的，土地供给完全无弹性，其供给曲线就是完全垂直的。如图 3 - 1 所描述土地租赁市场，S 表示土地的供给，D_0 表示税前需求曲线，P_0 为土地的均衡租金价格。对土地征收从价税后，需求曲线移动到 D_1，税后土地所有者得到的租金价格降到 P_1，P_0 与 P_1 的差额则为土地税额 T，税后地价下降了 T，税负没有转嫁而由土地所有者负担了全部税款。因此，在土地供给完全无弹性的古典假设下，土地税只会降低了卖方价格，土地交易数量不变，税负难以转嫁而由土地所有者负担，而土地主要由高收入家庭拥有，税负与收入正相关，所以土地税是累进的。

土地供给完全无弹性的假设受到质疑，现代观点认为土地供给具有一定的弱弹性，那么，土地市场的均衡情况就如图 3 - 2 所示，税前均衡点为 E_0，均衡价格和数量分别为 P_0、Q_0，征收从价税 $T = (P_1 - P_2)$ 后，供给曲线由 S 移至 S_1，而且更加陡峭，税后均衡点为 E_1，均衡价格提高

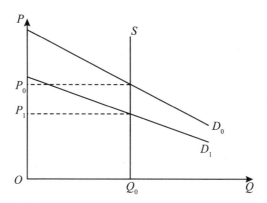

图 3-1　土地供给完全无弹性假设下土地税的税负归宿

至 P_1，均衡数量减少至 Q_1，土地税分别由买方和卖方共同负担，但由于土地需求弹性总是大于土地供给弹性，税负主要由卖方即土地所有者负担。这样，即使土地供给有弹性的假设下，土地税仍然是累进的。

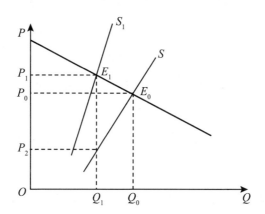

图 3-2　土地供给有弹性假设下土地税的税负归宿

2. 土地改良物征税的累进性不确定

土地改良物按经营用途可分为两类：一是作为消费品的居民基本生活住房，二是作为资本的经营性房产，两类房产的税负归宿情况需要区别对待。

对于居民自住的房产征收房地产税，会产生两种社会经济效应：一是收入分配效应，即居民的财产因征税而直接减少；二是资源配置效应，即征收房地产税使得持有和消费住房服务的成本上升，居民会在满足基本自用需求的前提下尽量减少对住房的持有。因此，就自住房产而言，税负无法转嫁，由房产所有者负担，那么，对于低收入者来说，住房消费是必需品，占其收入比重更大，税负呈累退性；而达到一定收入水平以上，改善性住房财产与居民收入水平呈正相关，从价的房地产税负担也就与收入呈正相关，表现为累进性。

对资本用途的房产来说，房产税具有资本税的性质。传统观点认为，资本能用于各种用途，投资者可以自由配置，所以资本用途的房产具有完全的供给弹性。然而，房产并不像其他资本，它受土地的制约较多，而土地供给弹性很弱，使得资本用途的房产只是富有弹性而非完全弹性。在供给富有弹性的假设下，房产资本市场的均衡情况如图 3-3 所示。征税后的供给曲线由 S 移至 S_1，与需求曲线新的交点为 E_1，均衡价格由 P_0 上升至 P_1，均衡数量由 Q_0 减少至 Q_1，$(P_1 - P_2)$ 即为征税额，其中 $(P_1 - P_0)$ 部分由买方负担，$(P_0 - P_2)$ 部分由卖方负担。因此，对资本用途的房产征税分别由买方和卖方共同负担，但由于供给富有弹性，且大于需求弹性，税负主要由买方即房产使用者负担。这样，供给富有弹性的假设下，作为资本的房产所有者仅负担很少的税款，征税具有累退性。

3. 对房地合一的房地产征税以累进为主

从前面的分析结论来看，对土地部分征税是累进的，而对房产部分征税的累进性不确定，那么房地合一的房地产中土地价值远高于房产价值，因而对房地产征税的总体效应是累进的。如果比照我国当前房地产

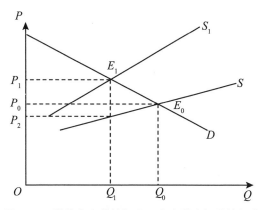

图 3 - 3　供给富有弹性假设下房产资本征税的归宿

市场的现实来看，即使是作为消费品的住宅也依然会因为房价的不断上涨而具有了资本品的性质，因此其累进性效果会更为明显。

3.1.3　房地产税再分配效应的动态一般均衡模型分析

拉姆齐模型（Ramsey model）为现代宏观经济分析最有力的工具之一。模型的特点在于从家庭和个人的跨期消费行为的微观基础出发决定稳态的消费和储蓄，从厂商的微观基础出发决定稳态的资本存量，储蓄的决定被内生化了。为了准确分析房地产税的征收所引起的资本存量、消费、收入等发生的变化，本书运用拉姆齐模型，将房地产看作资本，先介绍无税条件下的模型最优条件，再考虑征房地产税条件下经济决策的最优条件，比较因征税所带来的财产积累和消费受到的影响。

1. 无税条件下的拉姆齐模型

（1）生产者优化。

假定生产函数为

$$Y = F(K,\ AL)$$

其中，$A = A_0 e^{xt}$，令 $A_0 = 1$。

L 是劳动投入 $L = L_0 e^{nt}$，F 是新古典的，对 L 和 K 分别有正的递减的边际报酬，且规模报酬不变。

$$\hat{L} = AL,\ \hat{y} = Y/\hat{L},\ \hat{k} = K/\hat{L} \Rightarrow \hat{y} = f(\hat{k})$$

$$\Rightarrow \frac{\partial Y}{\partial K} = f'(\hat{k}),\ \frac{\partial Y}{\partial L} = [f(\hat{k}) - \hat{k}f'(\hat{k})]e^{xt}$$

R 是企业租赁资本的租赁金率，如果家庭还可向其他家庭贷款，则他向企业出租资本得到的净收益 $R - \delta$ 等于向其他消费者贷款的利率 r：$r = R - \delta$ 或 $R = r + \delta$。

企业利润最大化问题：

$$\pi = F(K,\ AL) - (r + \delta)K - wL$$

一阶条件：

$$f'(\hat{k}) = r + \delta$$
$$[f(\hat{k}) - \hat{k}f'(\hat{k})]e^{xt} = w$$

其中，w 是单个劳动的工资率。

（2）消费者。

代表性消费者，家庭规模为 1，$L = e^{nt}$，C 为总消费，$c = C/L$ 是人均消费。

家庭最大化如下效用：

$$U = \int_0^{\infty} u(c) e^{nt} e^{-\rho t} \mathrm{d}t \tag{3.4}$$

$u(c)$ 是单个家庭成员的瞬时效用，假定 $u' > 0$，$u'' < 0$；$e^{-\rho t}$ 是时间偏好（贴现），$\rho > 0$ 表明不太看重未来的消费。

家庭拥有资产，全部为房地产，也可互相借贷。人均资产 $a(t)$。视

$w(t)$ 和 $r(t)$ 既定，劳动供给无弹性。

$$\frac{\mathrm{d}(Assets)}{\mathrm{d}t} = r(Assets) + wL - C$$

$$\dot{a} = \frac{1}{L}\left[\frac{\mathrm{d}(Assets)}{\mathrm{d}t}\right] - na \Rightarrow \dot{a} = w + ra - c - na \qquad (3.5)$$

要排除庞氏骗局，则要满足条件：

$$\lim_{t \to \infty}\left\{-\int_0^t [r(v) - n]\mathrm{d}v\right\} \geqslant 0 \qquad (3.6)$$

由式（3.4）、（3.5）、（3.6）组成动态优化系统，如下：

$$\max U = \int_0^\infty u(c(t))e^{nt}e^{-\rho t}\mathrm{d}t$$

$$s.t.\ \dot{a} = w + ra - c - na$$

$$\lim_{t \to \infty}\left\{-\int_0^t [r(v) - n]\mathrm{d}v\right\} \geqslant 0$$

建立现值的汉密尔顿方程：

$$H = u(c)e^{nt}e^{-\rho t} + v(t)[w + (r - n)a - c]$$

Foc：
$$\frac{\partial H}{\partial c} = 0$$

$$-\frac{\partial H}{\partial c} = \dot{v}$$

$$\dot{a} = w + ra - c - na$$

TVC：
$$\lim_{t \to 0} av = 0$$

解上述微分方程组可以得到欧拉方程：

$$\frac{\dot{c}}{c} = \frac{u'}{u''c}(\rho - r) = \frac{1}{u''c/u'}(\rho - r) \qquad (3.7)$$

假设，$u(c) = \dfrac{c^{1-\theta} - 1}{1 - \theta}$ 即 CRRA 函数，则 $u''c/u' = -\theta$，式（3.7）就

换成

$$\frac{\dot{c}}{c} = \frac{1}{\theta}(r - \rho) \tag{3.8}$$

（3）均衡、稳态。

消费者与生产者的结合构成竞争性的市场均衡结构。由于是封闭经济，所以 $a = k$，有

$$\dot{\hat{k}} = f(\hat{k}) - \hat{c} - (x + n + \delta)\hat{k} \tag{3.9}$$

$$\frac{\dot{\hat{c}}}{\hat{c}} = \frac{1}{\theta}\left[f'(\hat{k}) - \delta - \rho - \theta x\right] \tag{3.10}$$

稳态时的方程为

$$\hat{c}^* = f(\hat{k}^*) - (x + n + \delta)\hat{k}^* \tag{3.11}$$

$$f'(\hat{k}^*) = \delta + \rho + \theta x \tag{3.12}$$

稳态时的人均资本存量 $\hat{k}^*$ 和人均消费 $\hat{c}^*$ 由上面两式决定。

2. 征税条件下的拉姆齐问题

假设政府支出并不影响生产者和消费者，对房地产资本按价值征收税率为 τ 的房地产税，则家庭的约束条件就变成

$$\dot{a} = w + (r - \tau)a - c - na$$

则式（3.8）的欧拉方程就变成

$$\frac{\dot{c}}{c} = \frac{1}{\theta}(r - \tau - \rho)$$

式（3.9）、式（3.10）的均衡条件变成

$$\dot{\hat{k}} = f(\hat{k}) - \hat{c} - (x + n + \tau + \delta)\hat{k}$$

$$\frac{\dot{\hat{c}}}{\hat{c}} = \frac{1}{\theta}\left[f'(\hat{k}) - \delta - \tau - \rho - \theta x\right]$$

新的稳态方程就是

$$\hat{c}^{**} = f(\hat{k}^{**}) - (x + n + \tau + \delta)\hat{k}^{**} \qquad (3.13)$$

$$f'(\hat{k}^{**}) = \delta + \tau + \rho + \theta x \qquad (3.14)$$

将式（3.14）与式（3.12）相比，可知

$$f'(\hat{k}^{**}) > f'(\hat{k}^{*})$$

由于生产函数边际报酬递减的假设，所以可以得出 $\hat{k}^{**} < \hat{k}^{*}$。同样，比较式（3.13）与式（3.11），可知 $\hat{c}^{**} < \hat{c}^{*}$。

由此可以得出以下结论：作为资本税的房地产税导致稳态的人均资本存量下降，影响了居民的财产积累，减少居民对房地产的投资。同时，征税也导致稳态的人均消费量减少，产生了一定的福利效应。这些效果最终导致了人均收入水平的下降，从而产生了再分配效应。

3.2 房地产税调节居民收入和财产分配的作用机理

既然房地产税是政府再分配的客观需要和重要工具，那么，就有必要与前文的理论模型分析结合起来，深入分析房地产税调节分配的作用机理，才能保证房地产税的实际运行效果不至于偏离改革目标。

3.2.1 房地产税对居民收入和财产分配的总体影响

由于房地产既是消费品又是资本品并且能保值增值的特殊属性，居民持有房地产也就有消费、投资、投机三种动机，其中投资与投机动机在实现中很难严格区分，所以合称投资动机。消费动机是指为了满足日

常起居而购买住房用于自住；投资动机则是为将房地产出租或转让以获利。此外，无论是用于消费还是投资的房地产，通常都会随经济发展和公共服务的改善而增值。这样，房地产税再分配的作用机理就可以用图3-4来描述。

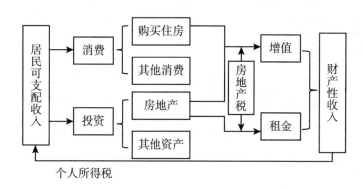

图3-4　房地产税对居民收入和财产分配的影响机理

3.2.2　当期收入——房地产税对收入分配的直接影响

房地产税的征税对象虽然是纳税人所持有的房地产价值，但其税源却是只能来源于纳税人的当期收入，因为房地产属于整体资产，且为不动产，纳税人无法直接从房地产中划出一部分用于纳税，更无法将房地产变现来纳税，因为如果变现就不需要纳税了。因此，房地产税的征收首先就直接带来纳税人当期收入的减少。这种影响是非常值得我们所重视的，它对房地产税税率的制定设置了上限，也就是说，需要考虑纳税人的收入水平和负担能力；它也为免税范围的制定提供了依据，因为对于低收入者来说，当期收入主要是工资性收入而且收入水平低，有必要为他们设置一定的免税范围。

3.2.3 房地产税对财产性收入的影响

房地产属于个人财富，是个人已积累起来的购买力存量，也是其未来取得的财产性收入流量的现值，因此房地产税对个人财富征税，就相当于对个人的未来收入征税。具体而言，如果居民将房地产用于投资，可以获得出租住房的租金收入和房地产增值收入等财产性收入，那么房地产税就是居民为获得财产性收入而付出的代价。征税后，居民投资房地产的净收益会下降，与以工资性收入为主且获得免税的低收入者相比，两者之间的收入差距就得以缩小。

3.2.4 房地产税对财产积累的影响

居民除了投资房地产，还可以选择其他投资方式如股票、债券、黄金等投资形式。当投资房地产纳税后的净收益下降，一方面会导致总的实际收入减少，扣除一定消费后积累到下期的财产金额就会随着减少；另一方面投资者会因为房地产的投资净收益下降而减少对房地产的持有量，增加其他资产形式的持有量，甚至全部转换为其他资产，这样，居民的财产积累结构就也发生了变化，进而影响未来的收入分配。

富人往往比穷人拥有更多的财产性收入，会帮助他们积累更多的财产，这些财产又会带来更多的财产性收入，长此以往，就会导致富者更富、穷者更穷的"马太效应"。① 这样，房地产税通过对高收入者征税，

---

① 韩德胜. 财产性收入的正负效应分析［J］. 青岛行政学院学报，2008（3）.

减少其财产性收入进而财产积累再到未来的财产性收入,让这个循环往复的"马太效应"降到最小。

3.3 房地产税再分配效果的影响因素

房地产税虽然具有再分配的功能,但在税收实践中要真正有效地发挥这种作用,还有赖于房地产税的税收制度要素、征收管理要素和税款使用要素的合理安排。

3.3.1 影响房地产税再分配效果的税制因素

税制要素包括纳税人、课税对象、税基、税率、课税环节等,它们对税收负担进而收入和财产分配产生或多或少的影响,这些影响又主要表现为:各要素作用于个人的实际税收负担从而改变人们税后实际可支配收入[①]。

1. 纳税人的确定,直接影响个人的实际收入

纳税人是指法律规定负有纳税义务的单位和个人。纳税人的界定,既为确定法律责任,也明确了税收调节对象。对经济主体来说,是否为某一税种的纳税人,直接影响其实际收入。如税前收入不同的甲、乙二人,甲高于乙,甲是某一税种的纳税人,乙则不是,其他情况完全相同

---

① 蒋晓蕙,张京萍. 论税收制度对收入分配调节的效应 [J]. 税务研究,2006 (9).

的条件下，纳税后两人的收入差距就得以缩小，就体现了税收的调节作用。就房地产税而言，它是直接税，很难进行税负转嫁，因此纳税人往往就是负税人。为体现再分配功能，房地产税需要将纳税人的范围界定在高收入人群，因此通常选择房地产的所有人而非实际使用人。房地产的所有人与实际使用人有时是相同的，但当产权所有人将房地产出租或出借给别人使用时，两种主体就相分离了，考虑到征管便利因素，有些国家也在将纳税人确定为房地产所有人的基础上，再将征税权也延伸到实际使用人。

2. 课税对象的选择，影响个人实际收入和财产积累形式

课税对象是税法规定的征税的目的物，是税种划分的主要标志，一般包括商品或劳务、所得、财产、资源、行为等。房地产税是以房地产为课税对象的财产税。房地产是价值量大的财产，所以，拥有房地产的个人往往更为富有，选择对房地产征税也就使富人的实际收入减少。而且，政府通常不会对各种形式的财产一视同仁地征收一般财产税，而是选择部分财产如房地产、车船等更为显性易于征税的财产征收个别财产税，这样，不同的财产形式承担的税负就会有所不同，会引导纳税人减少对征收财产的持有，而倾向于选择征税范围以外的财产积累形式。房地产税的课税对象选择包括仅征土地税、仅征房地产税和全部房地产一并征税三种形式，全部征税的情况下，有的国家还会按不同用途将房地产划分为工业用、商业用、住宅用房地产，也有的国家按地域划分为城镇、农村房地产，区别征税，这些都是对调节收入分配职能更细致、精确的处理。

3. 计税依据的确定，直接影响税负公平

计税依据是课税对象的计量单位和征收标准，它直接影响税额的计算，影响税负公平。房地产税的计税依据一般分为从价计征和从量计征两种，从价计征又分为历史交易价格、以市场价格为基础的评估值和年租金收入三种形式，选择不同的计税依据，对房地产税负的分配会有很大差异。比如，若从价计征，面积大但价值低的房地产会更具优势，但若从量计征，这类房地产则会处于劣势；若按历史交易价格计税，在房价不断上涨的情况下，近期买入的房地产与早期买入的房地产即使市场价格完全相同，也会承担高低不同的税负。从理论上说，房地产税属于财产税，其计税依据应该体现财产价值，所以按评估值作为计税依据更能体现税负公平，当然，在现实中政府往往受征管能力等因素的限制不得不退而求其次。

4. 税率的设计，体现税收累进性的关键要素

税率是应纳税额与计税依据之间的比例，是衡量税负轻重的重要标志，直接体现政府的收入调节意图。房地产税的税率选择包括定额税率、比例税率和累进税率三种形式，其收入分配的效果截然不同。选择定额税率、比例税率的情况下，能体现横向公平，无论高收入者还是低收入者都承担相同的税负，却不能体现纵向公平，导致房地产税的累退性，没有调节作用甚至是起负作用。若按不同用途或不同区域的房地产设计差别比例税率，则能体现一定的累进性。累进税率会使税负的增长幅度大于收入的增长幅度，高收入者承担相对更重的税负，体现纵向公平和"量能负担"原则，而且税率累进速度越快，边际税率越高，其再分配

的作用越明显。

5. 税收豁免的设计，体现纵向公平的重要因素

税收豁免是税收制度中对某些纳税人或课税对象免于征税的一种规定。税收豁免是对征税范围的补充，其实质是将不具有纳税能力的人排除出征税范围，在"削高"的基础上起到"保低"的作用，进一步强化再分配的效果。很多国家都对一些特殊用途的房地产或特殊人群给予免税，免税范围一般涉及政府所有的房地产、用于公益事业的房地产、退休老人、单亲家庭等，也有对自住用房全部或部分免税的情形。部分免征方式主要有三种：一是按住房面积免税，即对一定面积以内的住房给予免税；二是按住房价值免税，即对一定价值以内的住房给予免税；三是按所有人的收入水平免税。这些方式的目的都可以使中低收入者少纳或不纳税，其效果则又有所差异。需要注意的是，税收豁免虽然体现了纵向公平，却破坏了普遍征税、横向公平的原则，因此，减免税的范围选择必须适度而又有明确的针对性。

3.3.2 影响房地产税再分配效果的征管因素

严格高效的征收管理是税收充分发挥收入再分配职能的重要保证，房地产税尤其如此，如何征管房地产税，不仅影响其收入，更影响公平和效率。房地产税的征管一般要按"应税房地产登记—房地产评估—回应对评估值争议—征收税款"这样几个步骤来完成，而每一步都困难重重，对征管能力、征管技术的要求都非常高，因此，在很多国家，征管方面的缺失阻碍了房地产税改革的进程，使调节收入分配的目标成为

"空中楼阁"。

3.3.3 影响房地产税再分配效果的税收使用因素

除了"削高""保低"以外，税收的再分配作用还要体现在"补低"上，更能强化再分配的作用。房地产税再分配的效果与税款使用方向的选择密切相关。房地产税的税款使用方向通常包括地方教育、医疗、卫生等一般性公共服务、社会保障性支出等，如果将房地产税收用于保障性住房，特别是廉租房和公租房的建设，就可以为低收入者提供必要的住房，节约其住房支出，也就缩小了其与高收入人群的收入差距；如果用于转移支付给生活困难人群，则直接提高其可支配收入；如果用于提供教育、医疗、卫生等一般性公共服务，则由高、低收入者共同享受服务，而且按受益原则，富人受益更多，所以对于调节分配的效果就相对弱一些。可见，从再分配的角度来看，提供保障性支出会更有利于公平分配的目标。

4

我国房地产税制调节居民收入
和财产分配的现状与评价

4.1 我国居民收入和财产分配
态势及税收调节体系

1978 年以来，随着经济体制由计划经济向市场经济的改革推进，收入分配制度也由平均主义的分配方式转向以按劳分配为主、多种分配方式并存。经过近 40 年的发展，我国经济总量快速、持续增长，居民收入水平也有了显著提高，居民家庭财产高速积累，但也必须承认，收入和财产分配差距显著扩大，两极分化明显，由平均主义盛行走向差距悬殊的另一个极端，已经给经济可持续发展造成制约，对社会稳定带来危害。

所以，有必要全面系统地分析我国居民收入和财产分配的现状，进而找到房地产税再分配的现实依据和切入点。

4.1.1　我国居民收入分配的总体变化情况

1. 基尼系数的变化

基尼系数是衡量居民收入分配差距的最重要的指标。从 2003 年以来的全国基尼系数情况（见表 4-1、图 4-1）来看，居民收入分配差距总体水平已经达到非常高的程度。改革开放初期，收入分配非常平均。伴随着市场经济体制改革的不断推进，收入分配差距也不断扩大，2003 年全国基尼系数就高达 0.479，远远超过国际上通行的 0.4 警戒线，此后一直居于高位，2008 年最高达到 0.491。2008 年金融危机之后政府实施积极财政政策，加大了民生支出，基尼系数逐步有所回落，但降幅较小，依然远远高于 0.4。

表 4-1　　　　　　　　　　1978 年以来全国基尼系数的变化

年份	基尼系数	年份	基尼系数	年份	基尼系数	年份	基尼系数
2003	0.479	2006	0.487	2009	0.490	2012	0.474
2004	0.473	2007	0.484	2010	0.481	2013	0.473
2005	0.485	2008	0.491	2011	0.477	2014	0.469

资料来源：中国国家统计局，2003 年之后的数据是国家统计局用新标准、新口径对历史资料重新整理计算得出。

图4-1　1978年以来全国基尼系数的变化

与世界其他国家近年的收入分配情况相比较（见表4-2），中国的贫富差距之大也非常显著。发达国家的基尼系数均低于0.4，2010年，OECD成员国平均为0.314，其中，基尼系数最高的美国为0.378，德国和法国不到0.3。发展中国家的基尼系数大都超过0.4，居民收入和财产分配差距相对较大，其中，南非最高为0.631。分析表明，无论与发达国家相比，还是与发展中国家相比，我国都属于收入分配差距位居前列的国家。

表4-2　　　　　　　　　部分国家基尼系数

国家	年份	基尼系数	国家	年份	基尼系数
美国	2010	0.378	南非	2009	0.631
英国	2010	0.342	巴西	2009	0.547
日本	2010	0.329	墨西哥	2008	0.483
德国	2010	0.295	印度	2005	0.334
法国	2010	0.293	马来西亚	2009	0.462
意大利	2010	0.337	菲律宾	2009	0.430
韩国	2010	0.315	埃及	2008	0.308
俄罗斯	2009	0.401			

资料来源：国家统计局科研所，世界主要国家居民收入分配状况，为余芳东根据世界银行数据库和OECD数据库数据整理。

2. 等分法表现的收入分配差距

从按收入等级划分的城镇居民家庭人均可支配收入变化情况（见表 4-3）来看，收入差距也非常悬殊。首先，用最高收入 20% 人口与最低收入 20% 人口的收入份额之比计算出收入不良指数，2002 年为 5.1 倍，逐年持续上升，到 2008 年达到最大为 5.8 倍，此后差距开始逐步缩小，2012 年回落至 5.0，可见，最高收入 20% 人口的收入一直保持在最低收入 20% 人口收入的 5 倍以上。再来计算阿鲁瓦利亚指数，即最低收入 40% 人口的收入占比，2002 年以来一直保持在 19% 左右。况且，这仅为城镇居民收入差距，如果将农村人口纳入进来比较，这一差距只会更大。

4.1.2 城乡居民收入差距变化情况

随着经济的持续快速发展，我国城乡居民收入都大幅增长，如表 4-4 所示，1978~2013 年，城镇居民人均可支配收入名义增长 78 倍，农村居民人均纯收入名义增长 66 倍。同时，城乡之间的差距也很显著，差距最大时的城乡居民收入差距指数高达 3.3 倍，最近的连续 11 年都在 3 倍以上。呈波浪式上升的变化轨迹反映了城乡体制改革的进程。1978~1983 年城乡收入差距逐年缩小，因为农村率先启动改革，实行承包责任制，农民收入增长大幅加快，与城镇居民差距逐渐缩小。1984 年以后，改革重点转向城市，城镇居民收入大幅增加，导致城乡差距扩大，到 1994 年差距达 2.9 倍。1995~1998 年，国家连续提高农副产品收购价格，农民收入又得到快速增长，差距又得以缩小。1998 年以后连续十年

表 4-3　按收入等级划分的城镇居民人均可支配收入变化情况（2002～2012年）

年份	人均可支配收入（元）	最低收入户（10%）	较低收入户（10%）	中等偏下户（20%）	中等收入户（20%）	中等偏上户（20%）	较高收入户（10%）	最高收入户（10%）	收入不良指数
2002	7702.8	2408.6	3649.2	4932	6656.8	8869.5	11772.8	18995.9	5.1
2003	8472.2	2590.2	3970	5377.3	7278.8	9763.4	13123.1	21837.3	5.3
2004	9421.6	2862.4	4429.1	6024.1	8166.5	11050.9	14970.9	25377.2	5.5
2005	10493	3134.9	4885.3	6710.6	9190.1	12603.4	17202.9	28773.1	5.7
2006	11759.5	3568.7	5540.7	7554.2	10269.7	14049.2	19069	31967.3	5.6
2007	13785.8	4210.1	6504.6	8900.5	12042.3	16385.8	22233.6	36784.5	5.5
2008	15780.8	4753.6	7363.3	10195.6	13984.2	19254.1	26250.1	43613.8	5.8
2009	17174.7	5253.2	8162.1	11243.6	15399.9	21018	28386.5	46826.1	5.6
2010	19109.4	5948.1	9285.3	12702.1	17224	23188.9	31044	51431.6	5.4
2011	21809.8	6876.1	10672	14498.3	19544.9	26420	35579.2	58841.9	5.4
2012	24564.7	8215.1	12488.6	16761.4	22419.1	29813.7	39605.2	63824.2	5.0

资料来源：国家统计局网站。

左右，城镇居民收入增长基本都快于农村居民，收入差距持续扩大。直到 2008 年后政府加大民生投入，城乡差距才开始逐步缩小。不过，值得注意的是，城镇居民可支配收入仅为货币收入，并未包含单位发给职工的实物、各种补贴、福利以及其他"隐性"收入，农村居民的纯收入尚未扣除征收了多年的"三提五统"，因此，如果考虑这些因素，我国城乡实际收入差距还会远远高于这个水平。

表 4-4 1978～2013 年城乡居民人均收入差距变化情况

年份	城镇人均可支配收入		农村人均纯收入		城乡居民收入差距指数
	金额（元）	增长率（%）	金额（元）	增长率（%）	
1978	343.4	—	133.6	—	2.6
1983	564.6	5.5	309.8	14.7	1.8
1989	1373.9	16.4	601.5	10.4	2.3
1990	1510.2	9.9	686.3	14.1	2.2
1994	3496.2	35.6	1221	32.5	2.9
1998	5425.1	5.1	2162	3.4	2.5
2003	8472.2	10.0	2622.2	5.9	3.2
2004	9421.6	11.2	2936.4	12.0	3.2
2005	10493	11.4	3254.9	10.8	3.2
2006	11759.5	12.1	3587	10.2	3.3
2007	13785.8	17.2	4140.4	15.4	3.3
2008	15780.8	14.5	4760.6	15.0	3.3
2009	17174.7	8.8	5153.2	8.2	3.3
2010	19109.4	11.3	5919	14.9	3.2
2011	21809.8	14.1	6977.3	17.9	3.1
2012	24564.7	12.6	7916.6	13.5	3.1
2013	26955.1	9.7	8895.9	12.4	3.0

资料来源：国家统计局。

4.1.3 财产性收入及其差距的变化情况

由于房地产税的调节对象主要是财产及财产性收入，所以在此专门考察居民收入中的财产性收入的变化情况，以及对收入和财产分配差距的影响程度，为更好发挥房地产税的再分配作用明确方向和重点。

1. 财产性收入总量很小，但增速很快，比重显著上升

表 4 - 5 的数据显示，随着经济发展，居民财产性收入虽然总量还很小，明显小于其他三项收入，但增长快速，城镇和农村居民财产性收入从 2001 ~ 2013 年翻了 6 倍以上，而同期城镇居民人均总收入翻了 4.3 倍，工薪收入仅翻了 3.9 倍，农村人均纯收入翻了 3.8 倍，农村经营性收入仅翻了 2.6 倍，可见，财产性收入大大超过总收入及工薪收入等主要收入的增长速度。按照这种趋势来看，财产性收入对于调节收入差距和居民收入分配格局都会产生重要影响。

同时，农村人均财产性收入水平在总量上明显低于城镇居民，2013 年，农村居民人均财产性收入为 293 元，城镇居民财产性收入则增至 809.9 元。

2. 房地产市场对财产性收入影响最大

由于财产的多样性，对应着财产性收入的多样性。从财产性收入来源结构来看，按《中国城市（镇）生活与价格年鉴》的划分，包括利息、股息与红利、出租房屋收入等共 7 项收入。从表 4 - 6 的城镇居民财产性收入来源结构分析，2005 ~ 2011 年，城镇居民出租房屋收入快速增

表4-5   2001~2013年城乡居民收入结构变化情况

年份	城镇居民人均总收入（元）					农村居民家庭人均纯收入（元）				
	总额	工资性收入	经营净收入	财产性收入	转移性收入	总额	工资性纯收入	经营纯收入	财产性纯收入	转移性纯收入
2001	6907.1	4829.9	274.1	134.6	1668.6	2366.4	771.9	1459.6	47	87.9
2002	8177.4	5740	332.2	102.1	2003.2	2475.6	840.2	1486.5	50.7	98.2
2003	9061.2	6410.2	403.8	135	2112.2	2622.2	918.4	1541.3	65.8	96.8
2004	10128.5	7152.8	493.9	161.2	2320.7	2936.4	998.5	1745.8	76.6	115.5
2005	11320.8	7797.5	679.6	192.9	2650.7	3254.9	1174.5	1844.5	88.5	147.4
2006	12719.2	8767	809.6	244	2898.7	3587	1374.8	1931	100.5	180.8
2007	14908.6	10234.8	940.7	348.5	3384.6	4140.4	1596.2	2193.7	128.2	222.3
2008	17067.8	11299	1453.6	387	3928.2	4760.6	1853.7	2435.6	148.1	323.2
2009	18858.1	12382.1	1528.7	431.8	4515.5	5153.2	2061.3	2526.8	167.2	398
2010	21033.4	13707.7	1713.5	520.3	5091.9	5919	2431.1	2832.8	202.3	452.9
2011	23979.2	15411.9	2209.7	649	5708.6	6977.3	2963.4	3222	228.6	563.3
2012	26959	17335.6	2548.3	707	6368.1	7916.6	3447.5	3533.4	249.1	686.7
2013	29547.1	18929.8	2797.1	809.9	7010.3	8895.9	4025.4	3793.2	293	784.3
增长倍数	4.3	3.9	10.2	6.0	4.2	3.8	5.2	2.6	6.2	8.9

资料来源：国家统计局。表中的增长倍数是按2013年收入数额与2001年数额之比计算得出。

长，由112.24元增加至332.59元，增加了约1.96倍。住房改革之后，城镇居民最主要的财产性收入就不再是利息收入，而由出租房屋收入取而代之，2011年，出租房屋收入占财产性收入的比重也由51.2%。值得注意的是，房地产收入除了出租房屋收入，还应包括房地产增值收入，按《中国城市（镇）生活与价格年鉴》的指标解释①，这部分数据统计在其他投资收入中，而其他投资收入在现实中主要是房地产增值收入，如果将这部分近似看成全部为房地产增值收入，那么，房地产这项特殊而重要的财产给居民所带来的收入比重就高达65.7%这样一个水平。

表4-6　　　　2005～2011年我国城镇居民财产性收入来源结构　　单位：元/人

年份	财产性收入	①利息收入	②股息与红利收入	③保险收益	④其他投资收入	⑤出租房屋收入	⑥知识产权收入	⑦其他财产性收入
2005	192.91	20.52	35.89	2.96	18.16	112.24	0.13	3.01
2006	244.01	26.19	55.93	4.53	25.54	126.42	0.86	4.53
2007	348.53	38.03	96.21	5.91	42.16	155.71	1.09	9.42
2008	387.02	43.7	75.52	6.6	42.58	203.75	0.16	14.7
2009	431.84	60.54	76.43	5.53	53.73	222.05	0.28	13.28
2010	520.33	65.64	88.06	4.84	65.54	275.26	0.66	20.31
2011	648.97	85.17	100.11	5.78	93.79	332.59	2.37	29.16

资料来源：《中国城市（镇）生活与价格年鉴》2006～2012年，历年。

———————————

① 《中国城市（镇）生活与价格年鉴》中的财产性收入是家庭拥有的动产如银行存款、有价证券，不动产如房屋、车辆、土地、收藏品等所获得的收入。具体包括：第一，利息收入，指资产所有者按预先约定的利率获得的高于存款本金以外的那部分收入，包括各类定期和活期存款利息、债券利息、储蓄性奖券和存款的"中奖"收入。第二，股息与红利收入，指购买公司股票后，由股票发行公司按入股数量分配的股息、年终分红。第三，保险收益，指家庭参加储蓄性保险，扣除交纳的保险本金后，所获得的保险净收益。不包括保险责任人对保险人给予的保险理赔收入。第四，出租房屋收入，指出租房屋所得的资金净收入。租金收入中应扣除缴纳的各种税费、出租房屋的维修费用等各种成本支出。第五，其他投资收入，指家庭从事股票、保险以外的投资行为所获得的投资收益。如出售艺术品、邮票等收藏品超过原购买价的那部分收入、投资各种经营活动自己不参与经营所获得的利润。

3. 财产性收入差距悬殊，远高于总收入差距

改革开放以来，在财产性收入总量快速增长、结构发生变化的同时，财产性收入的差距也在不断扩大。由表4－7可见，2011年城镇居民最高收入户的人均财产性收入为3462.37元，而最低收入户仅为101.78元，高低收入比为33倍，同期城镇人均可支配收入最高收入户与最低收入户之比为8.6倍，人均工薪收入的高低收入户之比为8倍，比较之下，财产性收入的差距远远高于总收入分配的差距，也远高于其他来源收入的差距，起到了拉大居民收入分配差距的作用。

表4－7　　　　2011年按级分城镇居民家庭财产性收入来源结构　　单位：元/人

项目	最低10%	低收入10%	中等偏下20%	中等收入20%	中等偏上20%	高收入20%	最高收入20%	总平均
财产性收入	101.78	142.79	207.53	375.95	651.99	1125.24	3462.37	648.97
①利息收入	15.67	22.57	31.37	51.58	95.32	182.16	372.13	85.17
②股息与红利收入	7.55	9.05	15.15	41.32	99.85	189.62	634.07	100.11
③保险收益	1.5	1.57	1.16	2.45	6.21	12.82	29.78	5.78
④其他投资收入	1.97	4.32	9.87	18.31	40.72	118.81	845.89	93.79
⑤出租房屋收入	65.36	98.57	137.8	243.39	389.41	587.82	1379.57	332.59
⑥知识产权收入	0	0	0	0.06	0.06	0.08	28.38	2.37
⑦其他财产性收入	9.73	6.71	12.18	18.84	20.43	33.95	172.55	29.16

资料来源：《中国城市（镇）生活与价格年鉴》2006～2012年。

再看财产性收入中房地产相关收入的差距，最高收入户的人均出租房屋收入为1379.57元，最低收入户为65.36元，最高最低收入之比为21倍，并未高于财产性收入差距，但是，房地产增值收入所属的其他投

资收入差距为 429 倍，90% 以上的其他投资收入集中于 10% 最高收入者手中，这一点必须引起重视。其他来源的财产性收入虽然差距也非常大，但由于所占份额较小，不会影响太大。

综上所述，财产性收入虽然总量和占居民收入的比重都还较小，但其收入差距非常悬殊，正在不断拉大居民收入和财产分配差距。而且，在财产性收入中，房地产收入已经远超过金融资产收入而跃升为财产性收入中最重要的来源，其收入差距也非常之大，由房地产进而财产性收入引起的居民收入和财产分配差距正在发生，不难预见，随着财产积累和房地产价格的不断上涨，财产的"马太效应"还会使这种影响越来越大。因此，要调节居民收入和财产分配差距，就不能忽视财产性收入分配的影响，而要调节财产性收入和财产分配差距，重中之重就是调节房地产收入分配。

4.1.4 财产积累、财产分配差距的变化情况

财产性收入来源于财产，所以财产性收入的快速增长及不断扩大的差距与财产积累速度和财产分配状况密切相关。

1. 财产高速积累，房地产比重快速增长

按李实、赵人伟等的调查数据，1995~2002 年，全国人均总财产净值由 12102 元增长至 25897 元，年均实际增长 11.5%，特别是城镇居民财产增长快速，2006 年城镇居民人均总财产净值为 99530 元，比 2002 年 46134 元年均实际增长 21.19%。而居民财产中，占比最大的就是房地产，2002 年城镇人均净房地产价值为 29703 元，比重为 64%，到 2010

年比重更是高达77%①。

2. 居民财产分配差距快速拉大，房地产差距贡献大

与财产高速积累的同时，居民财产分配差距越来越大。据李实、赵人伟等的计算，2002～2010 年，我国居民财产分配的基尼系数由 0.550 上升到 0.690。其中，同期房产价值对居民净财产分配差距的贡献率有大幅度上升，从 63% 上升到 84%。而在城镇这一影响更明显，城镇居民房产价值分布的集中率从 2002 年的 0.916 上升到 2010 年的 0.984，导致房产价值对城镇居民总财产分配差距的贡献率从 65.7% 上升到 90.9%②。

可见，我国正在经历居民财产高速积累和分化的时期，居民财产分配的差距，特别是房地产分布的差距，相应地导致了居民财产性收入差距。可以预见，如果不能有效解决这一问题，房地产分布不平等还有可能继续拉大居民收入和财产分配差距。

4.1.5 我国现行的税收再分配体系

我国现行的税收制度是 1994 年税制改革后形成的，近年来的新一轮税制改革又做了一些调整和修订，但基本框架并未发生大的变化。其中，对个人收入和财产分配的调节主要体现在以下几个方面：

---

① 罗楚亮，李实，赵人伟. 我国居民的财产分配及其国际比较 [J]. 经济学家，2009 (9).

② 李实，万海远，谢宇. 房产成为拉大财产差距的最主要原因 [EB/OL]. 财新网，2014 - 07 - 29.

1. 流转税

流转税从总体上说，是普遍调节，对收入分配常具有累退性，但税制设计上也可以体现一定的调节作用。

（1）消费税。这是非常典型的从居民收入的消费使用环节进行调节的税种。现行消费税对 14 种应税消费品进行征税，其中的贵重首饰及珠宝玉石、游艇、高档手表、高尔夫球及球具等都属于典型的高档奢侈品，化妆品、小汽车、摩托车等也由于价格差距较大，对其消费金额的高低比较能体现收入差距，这些一般都由高收入阶层消费比例更大，对其征税间接地使高收入阶层多负担税款。但目前还有很多高档奢侈品未纳入征税范围，而且出于征管便利，消费税主要在生产环节征收，计税价格与消费者实际使用价格差距很大，使调节效果大打折扣，同时单一生产环节征税还带来了严重的避税问题，影响了实际调节效果。

（2）增值税。这是一个本该体现税制中性的税种，但在我国也被赋予了一定的再分配职能。首先，对一些生活必需品采取低税率的政策，如对粮食、食用植物油、自来水、冷气、暖气等居民生活必需品，农药、化肥、农机、农膜等农业生产资料，都按 13% 的低税率计征。其次，为低收入个人设置了起征点，后来将起征点政策扩大到小微企业。再其次，对农民销售的自产农产品给予免税。最后，对于一些弱势群体如残疾人员、城镇失业人员等给予一些照顾性的减免税。这些特殊调节政策在一定程度上减少了增值税的逆向调节作用。

（3）营业税。以普遍征税为前提，但对不同行业设置差别比例税率，再制定一些调节收入分配的措施。一是对日常生活的基本服务业给予免税，如诊所、托儿所、养老院、幼儿园的育养服务，等等。二是与农业生产密切相关、以农民为主要服务对象的劳务给予免税，如农业机耕、排灌、兽医站及相关的技术培训服务。三是对弱势群体给予照顾性减免税，如残疾人等。四是设定起征点，标准与增值税相同。总的来说，营业税调节收入分配的效果与增值税非常类似。

2. 所得税

我国现行的所得税包括企业所得税和个人所得税，对个人收入分配的调节主要集中在个人所得税上。

（1）企业所得税。体现收入再分配职能的政策主要包括：一是对小型微利企业给予低税率、所得额减半等优惠政策，因为小型微利企业的业主通常为个人创业，所以起到了一定的调节作用。二是鼓励公益、救济性捐赠，对企业对外的公益、救济性捐赠允许在利润的12%以内扣除，特殊情况下还可以全额扣除，有利于激励纳税人自发地参与第三次收入分配。

（2）个人所得税。这是我国目前被寄予厚望的发挥再分配职能的税种，在世界各国的税收调节体系中都扮演着重要角色。现行个人所得税采取分类税制，分为11个税目，分别计税，以源泉扣缴为主。其中工资、薪金所得是最主要的税目，在人均每月扣除3500元（或4800元）的基础上，采用3%～45%的七级超额累进税率，并且对五险一金、独生子女补贴、误餐补助等准予扣除，对退休人员的退休工资等特殊情形给予免税。个体工商业户生产、经营所得也是在扣除成本、费用后按5%～35%的5级超额累进税率计税。劳务报酬、稿酬所得、特许权使用费所得、财产租赁所得这四个税目计税方法基本相同，都是按次计税，扣除800元或20%的费用后，按20%税率，后来对劳务报酬的高收入采取加成征收，实际上形成20%～40%的超额累进税率，对稿酬所得减征

30%。对利息、股息与红利所得、偶然所得和其他所得，按20%税率，不予扣除费用，按次征税。可见，我国个人所得税调节分配的主要方式在于采用免征额和累进税率，但其分类税制的征收模式无法准确衡量纳税人的纳税能力，不能按家庭申报纳税，对家庭赡养人口、子女抚养人口、教育支出、医疗支出等未根据家庭实际情况给予扣除，不同收入来源承担不同税负，对财产租赁所得、股权转让所得、利息、股息与红利所得等财产性收入实行低税甚至不征税，再加上征管能力较弱，对一些私营企业主等高收入人群的监管不到位，这些问题带来的后果是，个人所得税大部分由处于中低收入水平的普通工薪阶层负担，所以其调节收入分配的效果与税制的初衷相去甚远。

3. 财产税

不同于个人所得税主要从社会财富的流量方面进行调节，财产税主要对社会财富的存量进行调节，其调节作用特殊而不可替代。然而，我国现行财产税体系总体是缺失状态，目前只有车船税、房产税、城镇土地使用税勉强算是财产保有环节征收的财产税。现行车船税向车辆、船舶所有人或实际管理人征收，采用从量定额税率的形式，计税依据不能与财产价值相联系，对本该有的累进性产生一定的累退作用。房产税、城镇土地使用税是本书重点研究的税种，也同样因为计税依据采用历史成本或从量计税，征税范围窄，个人基本不需要纳税，等等。这些因素使得它们虽然是对财产保有环节征收，但并不具备真正意义上的财产税性质，对个人收入分配也几乎不能产生调节作用。除这些税种外，在国外较多开征的遗产税与赠与税也一直尚未开征，对财产的调节没有发挥作用。

综上所述，我国收入和财产分配差距不断拉大，与我国现行税制调节体系不完善是分不开的，主要表现在：一是从税制结构来看，以流转税为主的税收结构就直接带来整个税制的累退性，尽管流转税中也设计了一些调节措施。二是消费税受征收环节、征税范围、计税依据的影响而调节收入分配的作用非常有限。三是个人所得税本该发挥重要的调节作用，却由于税收收入少、分类税制不合理、征管不到位等原因而没有起到应有的作用。四是我国对财产调节的财产税体系几乎是缺失的，不能跟所得税、消费税协调配合，实现收入再分配职能。因此，与当前我国收入分配亟须调节的现实情况不相适应的是，税收制度这一重要工具并未能很好地发挥调节作用，特别是财产税的缺失问题亟待解决，因此，房地产税改革的必要性和紧迫性就不言而喻了。

4.2　我国房地产税收制度的演变与现状

4.2.1　我国房地产税收改革历程

由于房地产的诸多特殊属性，它一直是历代政府的重要课税对象，使得房地产税收有着悠久的历史，如周朝征收的"户捐"就是现行房产税的雏形，契税最早源于东晋时期征收的估税，等等。新中国成立以来，随着经济环境的变化，房地产税收也经历了一系列改革。

1. 初步构建房地产税收体系

1949 年召开的首次全国税务会议确定设立 14 个税种，其中包括了 4

个涉及房地产的税种，即工商税、印花税、房屋税和地价税。紧接着，陆续颁布实施了《工商业税暂行条例》《契税暂行条例》《印花税暂行条例》，其间又将房屋税和地价税简并为一个房地产税，1951 年 8 月正式发布《城市房地产税暂行条例》并在全国范围内实施，这样，初期的房地产税收体系基本建成，包括工商业税、契税、印花税和城市房地产税。

2. 屡次简并税种，调整征税范围

1958 年，将印花税和工商业税中的营业税部分并入工商统一税。1973 年，将国营企业和集体企业剥离出城市房地产税，并入工商税，原来的工商统一税也并入工商税。这样，房地产税收体系由最初的四个税种简并为工商税、契税和城市房地产税三个税种，而且城市房地产税的征税范围也有所调整，仅包括房管部门、个人、外国企业和外商投资企业的房地产。

3. 分立和新设并行，税种大大增加

1984 年开始进行工商税制改革，将最初统一征收的城市房地产税一分为三，即房产税、城镇土地使用税和城市房地产税，其中，外籍个人、外国企业和外商投资企业继续缴纳城市房地产税，国内单位和个人缴纳房产税、城镇土地使用税。1987 年，为保护耕地资源，国务院颁布《耕地占用税暂行条例》，开征耕地占用税，也只对国内单位和个人征收。

4. 建成覆盖房地产各环节的税收体系

为适应社会主义市场经济体制，1994 年税制改革启动，调整了很多税种，开征了土地增值税。1997 年恢复征收契税，1999 年开始对房产转

让征收所得税，至此，在房地产流转环节征收营业税、契税、印花税、土地增值税、耕地占用税、企业所得税、个人所得税、外商投资企业和外国企业所得税；在房地产保有环节征收房产税、城镇土地使用税和城市房地产税，多税种交叉征收的房地产税收体系基本形成。

5. 内外合一，简并税种

2004 年新一轮税制改革开始酝酿启动，其中一个重要改革主题就是"内外合一，公平税负"，反映在房地产税收体系上的改革包括：2006 年、2007 年先后修订了《城镇土地使用税暂行条例》和《耕地占用税暂行条例》，将外资企业、外籍个人纳入征税范围；2007 年颁布《企业所得税法》，对内、外资企业统一征税；2009 年废止《城市房地产税暂行条例》，将外资企业、外籍个人纳入房产税。

6. 试点征收个人住房房产税

2011 年，为了调节房地产市场，在上海、重庆开始试点个人住房房产税改革，对一直免税的个人拥有的非营业用房开始征收房产税，标志着房产税正式迈向财产税属性的房地产税改革。

4.2.2 我国现行房地产税收体系的主要内容

我国现行税收体系中涉及房地产的共有 9 个税种，包括增值税（"营改增"之前为营业税）、土地增值税、耕地占用税、契税、印花税、房产税、城镇土地使用税、企业所得税和个人所得税，贯穿于房地产取得、转让和保有三个环节。其中，专门以房地产为征税对象的税种包括房产税、城镇土地使用税、土地增值税、耕地占用税、契税。这五个税种中，后三种税是在房地产取得和转让环节征收，不属于财产税性质的房地产税，在房地产保有环节征收的只有房产税和城镇土地使用税。在此分析这两个税种如下：

1. 房产税①

我国现行的房产税是以房产为征税对象，对房产的计税余值或租金收入，向产权所有人征收的一种财产税。1986 年，国务院颁布实施《中华人民共和国房产税暂行条例》（以下简称《暂行条例》），开始征收房产税。《暂行条例》分别于 1994 年、2009 年和 2011 年先后经历了三次修订，将外资企业和外籍个人纳入征税范围。我国现行的房产税只在城市、县城、建制镇和工矿区征收，不包括农村，由产权所有人缴纳，按年征税。税额的计算按房产用途分为两种：①对经营自用的房产，按房产原值一次减除 10% ~ 30% 损耗后的房产余值计税，税率为1.2%；②对于出租的房产，按租金收入计税，税率为 12%（注：2001 年开始对个人按市场价格出租的居民住房，房产税暂减按 4% 的税率征收），由地方税务机关征收，收入归地方所有。由于房产税开征时，我国尚未进行住房制度改革，城镇个人拥有住房的情况极少，而且居民收入水平普遍较低，所以规定对个人所有的非营业用房产（即个人自住住房，以下简称个人住房）免税。此外，房产税对政府、军队、公益事业的房产免税②。

---

①②　周清. 房产税改革试点成效评析与政策调整［J］. 税务研究，2012（10）.

2. 城镇土地使用税[①]

我国现行的城镇土地使用税是为了促进土地资源的合理利用、调节土地级差收益，对占用城镇土地的单位和个人，以其实际占用土地面积为计税依据，定额征收的一种税。1988 年，国务院颁布《中华人民共和国城镇土地使用税暂行条例》，开始征收城镇土地使用税，2006 年再次修订，将税额标准提高两倍，同时将外资企业和外籍个人纳入征税范围。与房产税一样，城镇土地使用税也只在城市、县城、建制镇和工矿区征收，不包括农村，按年征税，由地方税务机关征收，收入归地方所有。但它是按土地面积计税，税率采用地区差别幅度定额税率，按大、中、小城市和县城、建制镇、工矿区分别规定每平方米年应纳税额，地方政府再根据市政建设状况、经济发达程度等条件，确定辖区内的税额标准。与房产税类似，城镇土地使用税也对政府、军队、公益事业、市政、街道、绿化、农业用地免税，对个人自住住房也暂免征税。

4.2.3 上海、重庆的房产税改革试点政策

为了抑制房地产投机行为和促进房价的合理回归，中央政府先后实施了一系列财税、金融政策甚至是"限购令"等行政手段，对房地产经济进行大规模的宏观调控。在"限购令"出台之后，有必要结合房地产市场的特点来为房地产经济寻找长期有效的调控手段，房产税改革成为引人关注的焦点问题。2011 年 1 月 28 日，上海和重庆分别正式启动房产

---

① 周清. 房产税改革试点成效评析与政策调整 [J]. 税务研究，2012（10）.

税改革试点工作, 拉开了房产税改革的序幕①。

1. 上海方案的要点②

《上海市开展对部分个人住房征收房产税试点的暂行办法》规定, 从 2011 年 1 月 28 日起对上海居民家庭在本市新购且属于该居民家庭第二套及以上的住房和非本市家庭在本市新购的住房征收房产税。试点初期, 以应税住房的市场交易价格作为房产税的计税依据, 按应税住房市场交易价格的 70% 计纳。税率为 0.6%, 但对应税住房每平方米市场交易价格低于上年度新建商品住房平均销售价格 2 倍及以上的, 税率减按 0.4%。房产税收收入用于保障性住房建设等方面的支出。上述办法还规定了一些税收优惠, 主要包括: 本市居民家庭合并住房面积人均 60 平方米以下的新购住房免征房产税; 非本市居民持居住证满 3 年并有工作者, 新购唯一家庭住房, 免征房产税; 子女婚姻需要新购的唯一住房, 免征房产税; 新购住房后一年内出售原有唯一住房的, 退还先征的房产税③。

2. 重庆方案的要点④

《重庆市人民政府关于进行对部分个人住房征收房产税改革试点的暂行办法》规定, 首批征税对象及其适用税率为: 个人拥有的独栋商品住宅, 税率为 0.5%; 个人新购的高档住房(价格超过主城九区近两年新建商品房均价 2 倍及以上的住房), 分别按 3 倍以下、3 ~ 4 倍、4 倍以上实行 0.5%、1%、1.2% 的差别税率; 无户籍、无企业、无工作者新购的

---

①②③④　周清. 房产税改革试点成效评析与政策调整 [J]. 税务研究, 2012 (10).

第二套及以上普通住房，税率为 0.5% 。应税住房的计税价值均暂按房产的交易价格计算。该办法也规定了一些减免税，主要包括：原有独栋商品住宅，免税面积为 180 平方米；新增独栋商品住宅和高档住房，免税面积为 100 平方米①。

4.2.4　我国房地产相关税收收入情况

1. 收入总量小，增长快

近年来，随着房地产市场的迅猛发展，直接以房地产为征税对象的五个税种收入都大幅增长（见表 4 - 8），特别是房地产流转环节的土地增值税、耕地占用税，2002 ~ 2016 年，土地增值税从 2 亿元增加至 4212.19 亿元；耕地占用税增长了 34 倍；城镇土地使用税增长了 28 倍；增速最慢的是房产税，仅 6.8 倍；五税合计数由 657.69 亿元增加至 15017.73 亿元，增长了 21.8 倍。

然而，从整个税收体系来看，房地产五税都属于典型的小税种，收入总量都比较小，2002 年，五税合计数占全国税收收入仅 3.73% ，房地产市场的繁荣使得以房地产交易额为征税对象的三税快速增长，房地产税收的地位也不断提高，2016 年，五税占全国税收收入比重增加到 11.52% 。

---

① 周清. 房产税改革试点成效评析与政策调整［J］. 税务研究，2012（10）.

我国房地产税制调节居民收入和财产分配的现状与评价

表 4-8　2002～2016 年房地产相关税收收入及占全国税收比重

年份	房产税		城镇土地使用税		耕地占用税（亿元）	土地增值税（亿元）	契税（亿元）	五税合计（亿元）	占全国税收（%）
	金额（亿元）	占全国税收（%）	金额（亿元）	占全国税收（%）					
2002	282.40	1.60	76.83	0.44	57.34	2	239.07	657.69	3.73
2003	323.86	1.62	91.57	0.46	89.9	37	358.05	900.67	4.50
2004	366.31	1.52	106.23	0.44	120.09	75	540.1	1207.78	5.00
2005	435.85	1.51	137.34	0.48	141.85	140	735.14	1590.49	5.53
2006	514.81	1.48	176.81	0.51	171.12	231	867.67	1961.88	5.64
2007	575.46	1.26	385.49	0.84	185.04	403.1	1206.25	2755.34	6.04
2008	680.34	1.25	816.90	1.51	314.41	537.43	1307.53	3656.61	6.74
2009	803.66	1.35	920.98	1.55	633.07	719.56	1735.05	4812.32	8.08
2010	894.07	1.22	1004.01	1.37	888.64	1278.29	2464.85	6529.86	8.92
2011	1102.39	1.23	1222.26	1.36	1075.46	2062.61	2765.73	8228.45	9.17
2012	1372.49	1.36	1541.72	1.53	1620.71	2719.06	2874.01	10127.99	10.07
2013	1581.5	1.43	1718.77	1.56	1808.23	3293.91	3844.02	12246.43	11.08
2014	1851.64	1.55	1992.62	1.67	2059.05	3914.68	4000.70	13818.69	11.60
2015	2050.90	1.64	2142.04	1.71	2097.21	3832.18	3898.55	14020.88	11.22
2016	2220.91	1.70	2255.74	1.73	2028.89	4212.19	4300.00	15017.73	11.52

资料来源：中经网统计数据库。

2. 保有环节税收增长明显慢于流转环节税收

从图4-2可以清晰地看出，2006年开始，各税普遍增长较快，但流转环节的契税和土地增值税明显快于保有环节的房产税和城镇土地使用税。房产税则一直是稳定增长，但由于税基是以历史成本为计税依据，而且对个人免税，与这一轮以个人为主体的房地产热潮的关系不大，所以增长速度明显偏慢；城镇土地使用税在2007年、2008年的高速增长主要因为2006年经过修订后税额标准提高了两倍，之后又呈稳定增长趋势，按面积乘以定额税率的计税方法也使它受房地产市场的影响较小；所以房产税和城镇土地使用税的收入规模明显小于其他流转环节税收，而且在2010年前后其他税收快速增长时占全国税收收入的份额反而下降了。

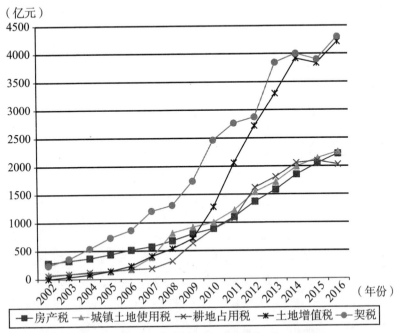

图4-2　2002~2016年房地产税收收入的变化情况

4.3 现行房地产税制及试点政策中弱化再分配效果的问题

4.3.1 房地产税收体系总体设计存在的问题

1. 立法权过于集中导致租、税混乱

房地产相关的 9 个税种中，除增值税（"营改增"之前为营业税）、企业所得税外，其他都属于地方税，特别是专门以房地产为征税对象的五个税种，全部都是地方税，收入归属于地方政府，但立法权却不能相应地也归于地方政府，税种设置、开征停征、税率设计、减免税等关键要素都是中央来统一制定、决策，地方政府就无法根据各地实情进行税制安排，就退而求其次，将收入重心转向土地财政甚至是收费，这就严重影响房地产税收的职能发挥，带来更多不公平因素。此外，从税收调节收入分配理论而言，房地产税的优势在于组内差距，也就是调节地方内部的分配差距，如果对其采取全国一致的税制，反而可能会造成更大差距。

2. 征收目标多元化，目标与内容不统一

现行房地产税收体系中的税种很多，但各税种都有各自的目标，而太多的目标往往很难兼顾，如城镇土地使用税征收的目标是调节土地级

差收入，提高土地使用效益；房产税的目标则是调节企业和个人财产收入；耕地占用税的目标又是合理利用土地资源，加强土地管理，保护耕地；土地增值税也是调节土地级差收益，抑制投机行为；契税的目标则是规范房地产市场发展。而从当前这些税种的运行现状来看，房地产市场依然过热，财产引起的贫富差距越来越大，耕地面积依然在快速减少，大大偏离这些税种的设计目标。

3. 税种设置不合理

从前面房地产各税种收入情况来看，房地产的税收主要集中在房地产流转环节，如果再加上营业税、所得税，比重就更可观，而房地产保有环节只有城镇土地使用税和房产税，而且税率低，税负轻，征税面很窄。流转环节征税的优势在于收入能力强，便于征管，但却易于转嫁，成为房地产价格非理性上涨的推手，既加重了居民的税收负担，又严重影响房地产市场的健康发展。同时，房地产保有环节的税负过轻，阻碍了其收入再分配职能的发挥。

4. 对个人的税收优惠太多，导致个人税负过轻

房地产涉及的九个税种，几乎每个税种都有对个人应税行为给予或多或少的税收优惠，如房产税和城镇土地使用税分别对个人自住房屋及其用地免税；营业税对满五年的个人普通住房和非普通住房的交易分别给予免税或差额征税；土地增值税对个人销售住房暂免征税；个人所得税对个人自住满五年唯一用房免税；等等。这些优惠使得个人持有房屋进行投机行为几乎没有多少税收成本，为高收入人群的财富增长带来方便，严重影响了对个人财富调节的效果。

5. 征管问题影响税收调节效果

房地产税收制度存在一些漏洞，难于监管。如土地增值税的初衷是采用40%～60%的超率累进税率，调节土地级差收入、抑制投机行为，但其税制设计非常复杂，特别是土地增值额的计算，对于周期长的持续房地产开发项目而言，准确计算非常困难，再加上土地增值税的清算条件也容易操控，使得大量房地产企业以预缴代替清算，实际税负远低于理论税负，使这个理论上本应具有调节作用的税种运行效果大打折扣。此外，个人之间的房地产交易隐蔽性强，税务机关难以获取真实的交易价格信息，使得现实交易中隐瞒真实价格，以虚假交易合同申报纳税的情况已成为房地产中介行业公开的秘密，带来的后果就是交易环节的营业税、所得税、契税、印花税的税负都大大降低，此后持有环节以交易价为计税依据的房产税税负也跟着降低，带来税负不公平问题。

4.3.2 现行房产税存在的问题

相较于发达国家将房产税作为调节财富分配的重要工具和地方主体税种，原因在于房产税制度存在以下问题①：

1. 以历史成本为基础的计税依据不合理

现行房产税采用从价计征和从租计征两种方式，其中从价计征是按房产原值扣除10%～30%的比例后的房产余值为计税依据。房产原值即

---

① 周清. 房产税改革试点成效评析与政策调整［J］. 税务研究，2012（10）.

房产的历史交易价格，不能随房地产价值的波动而变化，这使得房产税税负与房产的真正市场价值的关联度低，从而地方政府取得的房产税收入与地方经济发展尤其是房地产市场变化的关联性小。相对于其他税种的收入增长幅度，房产税收入的增长性就显得很弱，导致房产税占全国税收收入的比重很低，而且还往往呈逐年下降的趋势，这就大大影响了房产税在税收体系特别是地方税体系中的地位。

2. 征税范围过窄

首先，对个人所有的非营业用房产予以免税，这大大收窄了房产税的征税面，直接影响了房产税调节个人财富分配功能的发挥，也降低了地方财政收入的稳定性。其次，房产税的征税范围仅限于城市、县城、建制镇、工矿区，不包括农村，而事实上，在东南沿海的一些发达地区，城市化程度高，农村房产市场价值很大，收益高，却不需要纳税，带来极大的不公平。

3. 从租计征方式带来征管隐患

现行的个人住房的房产税主要对出租房产征税。大部分出租房产主要是用于居住，往往位于居民户比较集中的住宅小区，隐蔽性强，税务机关难以甄别出房产是自住还是出租，从而逃税比例大，税收流失严重。

4.3.3 现行城镇土地使用税存在的问题

与理论上的房地产税相比，城镇土地使用税也不具备财产税的特征。原因在于以下问题：

首先，由于我国土地归国家和集体所有，土地使用者并不拥有完整的财产所有权，城镇土地使用税只能对土地使用者征税，所以它具有使用税的性质，而非财产税性质。

其次，城镇土地使用税以土地面积计税，而非土地价值征税，完全偏离财产税特性。因为土地的资本属性和稀缺性，随着经济发展，土地价值必定上升，土地持有者的土地级差收入增加，征税却仍然按照其占用的土地面积乘以几十年不变的固定税额，根本无法达到它开征时为调节土地级差收入、提高土地使用效率的目标，也根本无法体现财产税的"量能负担"原则。

再其次，城镇土地使用税采用定额税率，税负水平明显偏低，使得高价值的土地却只承担很低的税负，对调节收入分配效果的累退性显而易见，况且税额标准经常多年不变，连通货膨胀因素都无法控制，更不要谈税负的累进性了。

最后，城镇土地使用税的征税范围和房产税几乎一致，同样不包括农村，对个人自住房屋用地也完全免于征税，征税范围大大缩小，根本无法发挥调节个人财富分配功能，也降低了在地方财政收入中的地位。

4.3.4　上海、重庆房产税试点政策存在的问题

从前文中梳理的上海和重庆两地房产税试点方案来看，两方案虽有不同，却有四大共同点：一是征税目标主要在于调控房价；二是征税范围较窄，主要对增量房产征收，基本不涉及存量房；三是税率较低，税负较轻；四是都以房产交易价格而不是评估价为计税依据，便于征管但有失公平。可见，两套试点方案仍未能使房产税具备财产税属性，存在问题有[①]：

---

① 周清. 房产税改革试点成效评析与政策调整［J］. 税务研究，2012（10）.

1. 目标定位不合理

无论是重庆方案的侧重于调节收入分配，还是上海方案的侧重于抑制投机行为，其最终目标都是抑制房价，殊不知房地产市场的运行，尤其是房价的升降，受多方面的因素影响，绝非税收能控制，切忌夸大税收的作用。控制房价，应该价税分流，税收只能做它能做的事情，价格的调控还应当从引起房价上涨的根本原因入手。

2. 试点的征税范围小、税率低，难以发挥财产税的职能

上海的试点方案仅对第二套以上的新购房产和外地人的新购住房征税，完全不涉及存量房产，重庆方案虽涉及存量房产，也只对主城九区内的独栋别墅、新购的高档住房等征税，征税范围都非常小。有数据表明①，2005～2009 年重庆的别墅和高档公寓的平均建筑面积为 140～158 平方米，能够达到 180 平方米免征额的仅占很小一部分，2011 年需要缴纳税款存量独栋别墅仅 3500 多套。设定的税率也过低，如上海的房产税把基础税率定在 0.6%，而重庆更低，基础税率定在了 0.5%。再加上免税面积的扣除等优惠政策，如此低的税负，要抑制投机性需求的确很难。对于那些应纳房产税的购房者来讲，只要他们有足够的资金能够购房，房产税对他们几乎没有任何影响。

3. 改革方案设计不科学

深入分析上海、重庆两地房产税试点方案，我们不难发现，只对增

---

① 何杨. 存量房房产税征收的效应分析与影响测算 [J]. 中央财经大学学报，2012（3）.

量房产征税使得存量房产只要不交易就可以永远与房产税无关，而增量
房产则被一直征税，造成税负的不公平；而且，以交易价作为计税依据
也会使仅仅因为交易时间不同的相同或类似房产的税负不公平。此外，
除了重庆的独栋别墅外，其他的新购房产都很容易避免征税，这就说明
试点方案存在漏洞。所以，需要科学设计改革方案，充分考虑各种可能
引起税负不公的因素，使房产税真正发挥财产税应有的公平功能。当然，
沪、渝房产税试点方案都以交易价而不是评估价作为计税依据是基于目
前的征管能力而提出的。在房地产价格评估体系尚未建立之前，先按交
易价征税，其可操作性大大提高。

综观我国现行房地产税收制度，虽然涉及的税种繁多，但大部分税
种都集中在房地产流转环节征税，对保有环节征收的仅有房产税和城镇
土地使用税，而这两个税种也都不具备真正意义上的财产税性质，而且
对个人自用房地产都免予征税，对调节个人收入分配的效果是无法体现
的。上海、重庆的试点改革方案也仍未能使房产税具备财产税属性。

4.4 我国现行房地产税制及试点政策再分配效果的实证分析

通过在前文中分析我国现行房地产税收制度的现状及存在的问题，以
及当前我国收入分配的现实状况，已经不难预见，由于现行房地产税收并
不具备真正意义上的财产税属性，下面从平均税率的分析和计量经济学的
回归分析来验证房地产税收的实际效果，并对试点改革的效果进行评析。

4.4.1 从平均税率来看房地产税收的累进性

基于税负归宿理论，如果能够计算出每个人负担的某种税的实际份额即经济归宿，就可以确定这种税是有比例的、累进的还是累退的，从而判断这种税是否具有收入分配作用。根据哈维·S. 罗森（Harvey S. Rosen）给出的定义[①]，平均税率，即应纳税额与收入的比率。如果平均税率随着收入的增加而上升，则这种税制就是累进的；反之，如果平均税率随着收入的增加而下降，则这种税制就是累退的。学者们也已经有严格的理论推导[②]证明，如果平均税率随着收入增加而上升，税后收入的洛伦兹曲线就会位于税前收入洛伦兹曲线的上方，因此税后收入分配比税前更为均等。盖尔等（Galeand et al. ，2002）[③] 通过平均税率方法来研究美国联邦所得税、工薪税、公司税、遗产税和商品税的累进性。本书也采用该方法计算房地产税收的五个税种的平均税率来考察它们的累进性。

为计算平均税率，需要选择人均税负的指标和收入指标。基于房地产税收主要来源于个人可支配收入，征税范围也都仅限于城镇，所以收入指标采取城镇人均可支配收入；人均税负采用当年实际税收收入除以年末城镇人口来测算。房地产五项税收及个人收入的相关指标由 2002 ~ 2013 年的数据整理而成，见表 4 - 9。

---

① 哈维·S. 罗森. 财政学 [M]. 第七版. 北京：中国人民大学出版社，2006.

② 转引自王亚芬，肖晓飞，高铁梅. 我国收入和财产分配差距及个人所得税调节作用的实证分析 [J]. 财贸经济，2007 (4)，原文载于欧阳植，于维生. 收入分配不均等性的数量分析 [M]. 吉林大学出版社，1995.

③ Gale, William G, Samara R Potter. An Economic Evaluation of the Economic Growth and Tax Relief Reconciliation Act of 2001 [J]. National Tax Journal, 2002, 40 (3)：133 - 186.

表4－9　2002～2013年房地产五项税收及个人收入相关指标

年份	房产税（亿元）	城镇土地使用税（亿元）	耕地占用税（亿元）	土地增值税（亿元）	契税（亿元）	五税合计（亿元）	城镇人均可支配收入（元）	年末城镇人口（万人）
2002	282.40	76.83	57.34	2	239.07	657.69	7702.8	50212
2003	323.86	91.57	89.9	37	358.05	900.67	8472.2	52376
2004	366.31	106.23	120.09	75	540.1	1207.78	9421.6	54283
2005	435.85	137.34	141.85	140	735.14	1590.49	10493	56212
2006	514.81	176.81	171.12	231	867.67	1961.88	11759.5	58288
2007	575.46	385.49	185.04	403.1	1206.25	2755.34	13785.8	60633
2008	680.34	816.9	314.41	537.43	1307.53	3656.61	15780.8	62403
2009	803.66	920.98	633.07	719.56	1735.05	4812.32	17174.7	64512
2010	894.07	1004	888.64	1278.3	2464.85	6529.86	19109.4	66978
2011	1102.39	1222.3	1075.46	2062.6	2765.73	8228.45	21809.8	69079
2012	1372.49	1541.7	1620.71	2719.1	2874.01	10127.99	24564.7	71182
2013	1581.50	1718.8	1808.23	3293.9	3844.02	12246.43	26955.1	73111

资料来源：中经网统计数据库。

根据表 4－9 的各项指标，计算出 2002～2013 年房产税等五项税收及五税合计的平均税率（见表 4－10）。2002～2013 年，城镇人均可支配收入是不断增加的，分析平均各税种平均税率的变化，可以发现：一是房地产五项税收的平均税率都很小，2013 年最高的契税 1.95%，最低的房产税仅为 0.8%，五项合计税负也只有 6.21%，说明房地产税收的收入规模很小，占居民收入比重很小，无法从整体上改变城镇居民的收入分配格局。二是随着收入的增加，五个税种合计的平均税率呈上升趋势，说明房地产税收对个人收入分配格局的影响不断增强。三是比较五个税种各自的平均税率，只有土地增值税的平均税率是绝对上升的，房产税、城镇土地使用税、耕地占用税和契税的平均税率都是上下波动，没有呈现持续上升的情形，这表明，五个税种中，只有土地增值税具有累进作用，还带动了整个房地产五税总效应的累进趋势，其他税种均在部分年份呈现出累退的趋势。这一发现与前面的理论分析结论基本一致，土地增值税的累进作用源自它的 40%～60% 的超率累进税率，其他税种则因其计税依据和税率的不合理而产生累退效果。

表 4－10　　　　2002～2013 房地产五项税收及五税合计的平均税率　　　　单位：%

年份	房产税	城镇土地使用税	耕地占用税	土地增值税	契税	五税合计
2002	0.73	0.20	0.15	0.01	0.62	1.70
2003	0.73	0.21	0.20	0.08	0.81	2.03
2004	0.72	0.21	0.23	0.15	1.06	2.36
2005	0.74	0.23	0.24	0.24	1.25	2.70
2006	0.75	0.26	0.25	0.34	1.27	2.86
2007	0.69	0.46	0.22	0.48	1.44	3.30

续表

年份	房产税	城镇土地使用税	耕地占用税	土地增值税	契税	五税合计
2008	0.69	0.83	0.32	0.55	1.33	3.71
2009	0.73	0.83	0.57	0.65	1.57	4.34
2010	0.70	0.78	0.69	1.00	1.93	5.10
2011	0.73	0.81	0.71	1.37	1.84	5.46
2012	0.78	0.88	0.93	1.56	1.64	5.79
2013	0.80	0.87	0.92	1.67	1.95	6.21

资料来源：根据表4-9计算而得。

由于数据的模糊估算，上述的分析显得有些粗略。事实上，房地产税收对个人可支配收入的影响主要集中在房产税上，而且是仅对城镇居民的房产租金收入征税，因此，可以从另一个维度，即收入层次的维度来计算不同收入阶层的平均税率，考察其变化情况，判断累进性，会更有说服力。

以2011年按收入等级划分的城镇居民人均可支配收入及各组财产性收入中的出租房屋收入为依据，收入指标依然采用城镇居民人均可支配收入，房产税税负指标用出租房屋收入乘以房产税税率计算。根据2008年《财政部、国家税务总局关于廉租住房、经济适用房和住房租赁有关税收政策的通知》规定，个人出租住房减按租金收入4%计算缴纳，所以此处的房产税税率取4%。计算出的各阶层的平均税率如表4-11所示。

表 4 – 11   2011 年城镇居民不同收入组的房产税平均税率计算表

项目	最低 收入户 （10%）	较低 收入户 （10%）	中等 偏下户 （20%）	中等 收入户 （20%）	中等 偏上户 （20%）	较高 收入户 （10%）	最高 收入户 （10%）
出租房屋收入 （元）	65.36	98.57	137.8	243.39	389.41	587.82	1379.57
人均可支配收入 （元）	6876.1	10672	14498.3	19544.9	26420	35579.2	58841.9
平均税率 （%）	0.038	0.037	0.038	0.050	0.059	0.066	0.094

资料来源：根据第 4 章数据计算而得。

从最低收入户到最高收入户，人均可支配收入不断上升，房产税平均税率在最低收入户到中等偏下收入户之间呈现一定的累退性，但对中等到最高收入户则表现出较强的累进性。这就表明，我国房产税对于个人出租住房的高收入者起到一定的调节作用，但由于采用比例税率和没有对低收入者的豁免的条款，所以对于低收入者来说带来了一定的税负不公平问题。这一结论与之前用时间序列数据来计算得出房产税无明显累进效果并不矛盾，因为房产税主要的征税还是仅针对经营性房产，税额是采用从价计征，以历史成本为依据计税，这使得本该有的财产税累进效果大受影响。此外，对房产税调节高收入的累进效果也不能高估，因为房产税总体税负水平太低，这种累进效果也就无法对收入分配起到明显的作用。

4.4.2 从简单计量分析来看房地产税收体系的调节作用

为了更清楚地看到现行房地产五项税收的调节作用，我们再建立简单的回归计量模型，运用 Eviews6.0 计量分析软件，来考察收入和财产分配差距与房地产五项税收之间的关系。

1. 变量选取与数据来源

以房地产五项税收中的各项税收及总收入占税收总收入的比重分别作为解释变量，以基尼系数为被解释变量。由于所有变量都是时间序列数据，要先对 6 个变量进行平稳性检验，避免出现伪回归现象，再进行协整分析，准确判断各税种是否引起居民收入分配差距变化。

用于回归分析的数据为 2002 ~ 2013 年（见表 4 – 12），其中，基尼系数来自国家统计局公布的结果，各项税收及总收入的数据来自《中国税务年鉴》2003 ~ 2014 年的"全国税务部门组织收入分地区分税种情况表"，根据相关数据计算而得各税占税收总收入的比重。

表 4 –12　2002 ~ 2013 房地产五项税收占税收总收入比重及基尼系数

指标	房产税	城镇土地使用税	耕地占用税	土地增值税	契税	五税合计	基尼系数
	X_1（%）	X_2（%）	X_3（%）	X_4（%）	X_5（%）	X_0（%）	Y
2002	1.60	0.44	0.33	0.01	1.36	3.73	0.45
2003	1.62	0.46	0.45	0.19	1.79	4.50	0.479
2004	1.52	0.44	0.50	0.31	2.23	5.00	0.473
2005	1.51	0.48	0.49	0.49	2.55	5.53	0.485
2006	1.48	0.51	0.49	0.67	2.49	5.64	0.487
2007	1.26	0.84	0.41	0.88	2.64	6.04	0.484
2008	1.25	1.51	0.58	0.99	2.41	6.74	0.491
2009	1.35	1.55	1.06	1.21	2.91	8.08	0.490
2010	1.22	1.37	1.21	1.75	3.37	8.92	0.481
2011	1.23	1.36	1.20	2.30	3.08	9.17	0.477
2012	1.36	1.53	1.61	2.70	2.86	10.07	0.474
2013	1.43	1.56	1.64	2.98	3.48	11.08	0.473

资料来源：税收根据表 4 – 10 的数据计算而得；基尼系数数据来源于国家统计局。

2. 实证检验与分析

首先对数据进行平稳性检验。我们对自变量 X_1、X_2、X_3、X_4、X_5、X_0 和因变量 Y 分别进行 ADF 检验，使用 E – views 6.0 软件，得出表 4 – 13 的检验结果：

表 4 – 13 自变量与因变量的 ADF 检验结果

变量名	平稳性处理	T 统计量	P 值
Y	一阶差分	– 3.670654	0.0716
X_1	一阶差分	– 1.594710	0.1860
X_2	一阶差分	– 2.731626	0.2490
X_3	一阶差分	– 1.512659	0.7601
X_4	一阶差分	– 2.171966	0.4529
X_5	一阶差分	– 4.016547	0.0495
X_0	一阶差分	– 1.091654	0.8808

各个变量的时间序列数据均为非平稳序列，但是进行一阶差分后，数据都达到平稳。也就是说，基尼系数和房产税比重序列、城镇土地使用税比重序列、耕地占用税比重序列和土地增值税比重序列、契税比重变量及五税合计变量全部都是一阶单整序列，可以继续进行协整分析。

接下来将 Y 分别对 X_1、X_2、X_3、X_4、X_5、X_0 分别进行回归建立协整方程，回归结果如表 4 – 14 所示。

表 4 – 14　　　　基尼系数与各税种比重的回归系数及统计值

方程	变量	回归系数	T 统计量	P 值
(1)	截距项	0.529353	17.55584	0.0000
	房产税比重 X_1	– 3.611943	– 1.689045	0.1221
(2)	截距项	0.472396	64.98652	0.0000
	城镇土地使用税比重 X_2	0.625102	0.960086	0.3597
(3)	截距项	0.478458	69.93841	0.0000
	耕地占用税比重 X_3	0.025142	0.034949	0.9728
(4)	截距项	0.477799	89.51834	0.0000
	土地增值税比重 X_4	0.071906	0.207805	0.8396
(5)	截距项	0.45825	33.72823	0.0000
	契税比重 X_5	0.785775	1.540726	0.1544
(6)	截距项	0.472831	44.12349	0.0000
	五税合计比重 X_0	0.082887	0.572102	0.5799

由表 4 – 14 中各方程的截距项及税收比重项的相关系数比较得知，六个方程全部都不显著，由此可认为基尼系数与房地产税类占税收总额的比重不存在格兰杰因果关系。

结果表明，房地产五项税收，无论是各项税收，还是五税合计，对收入分配的作用几乎没有，两者的相关性为零。这就从另一角度再次验证了我们在前文中进行平均税率计算得出的结论。

4.4.3　对上海、重庆房产税试点改革政策的再分配效果的评析[①]

在试点改革的第一年，也就是 2011 年，上海市取得房产税收入

———————

① 周清. 房产税改革试点成效评析与政策调整 [J]. 税务研究，2012 (10).

736625 万元，比上年增长 18.24%，远超上年增幅，但同期全国房产税 1102.39 亿元，比 2010 年增长 23.3%，上海市的房产税收入并未表现出明显快于全国平均水平的增长速度，反而低于全国增长平均水平，而且当年上海市房产税收入占地方财政收入的比重仅为 2.1%，基本与上年持平；重庆市公布的地方财政收入数据中，并未单列房产税收入，而是并入第 10 项"其他各税"，收入为 475130 万元，占地方财政收入 1.6%。可见，试点改革虽然使地方财政收入有所增加，但其收入能力着实很弱，占地方财政收入的比重太小，小到对于全市而言可以忽略不计的程度。虽然试点方案对高档住宅或第二套房征税，且税收收入用于保障房建设，从理论上看，试点方案应具有一定调节作用。然而，这一功能得以发挥是以取得足够的税收收入为前提的，以目前的收入水平来看，上海方案和重庆方案的征税面都很窄，税率低，征税漏洞很多，避税空间大，这必然导致其调节收入分配的效果大打折扣。由于试点地区相关数据的取得困难，对试点改革政策的调节效果只能做一般性分析，为弥补这一缺陷，本书第 5 章的模拟测算中加入了上海、重庆房产税试点政策的方案内容，因此，模拟测算的结果也能较为清晰地反映出试点改革政策的再分配效果，再次印证本节的推导结论。

5

房地产税改革的再分配效应的模拟测算

从第 3 章中房地产税再分配效应的作用机制的理论分析可以得出，房地产税的再分配效应是累进为主的，累进性的高低取决具体的房地产税各税制要素的设计，不同税制的再分配效果可以通过平均税率的变化趋势来衡量，或采用税前税后基尼系数的变化来判断。本章的主要目的在于，以房地产税再分配效应的理论分析为基础，利用城乡居民家庭调查关于收入和住房情况的微观数据，以居民收入分配效果的衡量标准为依据，针对目前房地产税改革的几种可能方案，分别对居民住房征收的房地产税情况进行详细的模拟测算，比较税前税后居民的税收负担和收入分配情况，研究房地产税改革以后不同人群的收入状况将产生的变化，为方案的选择提供再分配的视角的实证依据。实证结果一方面可以使我们更充分地了解房地产税改革对居民家庭的影响，另一方面，通过假设各种可能的征税方案，能够使政策制定者对不同征税方案的影响有一个更为清晰而直观的认识，并为其制订改革方案提供良好的数据基础。

5.1 居民住房的房地产税改革的方案设定

5.1.1 相关文献的测算方法回顾

国外对房地产税收入规模的测算主要都是依据凯利（Kelly，2000）提出的房地产税收入决定模型，其中最有代表性的就是巴尔和马丁内斯－巴斯克斯（Roy Bahl & Jorge Martinez – Vazquez，2007）运用于房地产税占GDP比重的影响因素分析，将房地产税收入规模的影响影响因素分为五大因素，即房地产评估率、征税覆盖率、税率、征收率、房地产价值占GDP的比重，对这五大因素分别估算就可得出总体收入规模。2011年上海、重庆个人房产税改革试点以来，国内一些学者就开始通过数据对我国房产税的征收效果进行测算，例如，何杨（2012）通过2009年全国和部分城市新商品房和二手房交易信息的数据，估算出全国城镇住宅存量房的价值，再按15%的减征比例，分别设定人均免征20平方米的建筑面积和每平方米免征3000元两种免税方法，测算全国和部分城市的存量房房产税税收收入规模。"资源税、房产税改革及对地方财政影响分析"课题组（2013）通过2010年全国住房数据，按0.4%～3%五档税率，全额征收和减征30%两种方案，测算各方案下的新增收入规模。雷雨恒（2014）通过全国的宏观数据推算出人均住房价值，按30%的减除比例、100%的征收率、0.8%的税率，以2012年为基期计算未来10年开征房地产税可能产生的税收收入及居民税收负担。江婷（2012）以相关资料统计的人均建筑面积和平均房价估算出城镇居民住房总价值，再按100%的征收率、1%和2%两档税率分别模拟测算广州市房产税改革的税收收入规模和居民税负水平。刘蓉等（2015）采用中国家庭金融调查的微观数据，对全国房地产税非减免比率和潜在税收收入能力进行了理论上的估计和测算。郑思齐等（2013）利用2010年城市居民大样本调查数据，分别假设8档人均住房面积、7档家庭住房面积、住房价值三种免税方法和0.8%～1.2%三档税率，模拟计算了245个地级以上城市的税收收入规模和居民税收负担水平。这些文献的房地产税收入规模测算方法给本书提供了很好的借鉴作用，但这些测算的主要目标都是房地产税收入规模，关注的重点在于政府的税收收入水平和纳税人的总体负担，并未考虑税收负担在纳税人中的分布情况和再分配效果；而且大多数的研究都是以宏观数据来进行测算，结果相对较为粗略，受居民住房分布情况和免税方法设定的影响很大，其中刘蓉等（2015）、郑思齐等（2013）的研究具备一定的微观基础，但其数据不够充分，特别是未考虑居民二套房以上的信息，对测算效果也有一定影响。相比较之下，本书主要目的在于测算房地产改革的居民收入分配情况的变化，而且所采用的微观家庭数据包括了房地产税测算的较为完备的信息，所做的测算结果也会更为准确和有说服力。

5.1.2 房地产税改革方案的设计思路

凯利（Kelly, 2000）提出了财产税收入决定模型，巴尔和马丁内斯－巴斯克斯（Roy Bahl & Jorge Martinez – Vazquez, 2007）运用于房地产税占 GDP 比重的影响因素分析，给出公式如下：

$$\frac{T_c}{y} = \left(\frac{T_c}{T_L}\right)\left(\frac{T_L}{AV}\right)\left(\frac{AV}{TMV}\right)\left(\frac{TMV}{MV}\right)\left(\frac{MV}{y}\right)$$

可变换为

$$T_C = MV\left(\frac{TMV}{MV}\right)\left(\frac{AV}{TMV}\right)\left(\frac{T_L}{AV}\right)\left(\frac{T_c}{T_L}\right)$$

其中，T_c 为房地产税实际税额；MV 表示房地产市场价值；$\left(\frac{TMV}{MV}\right)$ 表示房地产的评估值占全部房地产市场价值的比例，即房地产评估率；$\left(\frac{AV}{TMV}\right)$ 为应纳税的评估值占总评估值的比例，即征税覆盖率；$\left(\frac{T_L}{AV}\right)$ 表示应纳房地产税额占应纳税评估值的比例，即税率；$\left(\frac{T_c}{T_L}\right)$ 为实际税额占应纳税额的比例，即征收率。

可见，实际房地产税收入取决于房地产市场价值、房地产评估率、征税覆盖率、税率和征收率。房地产市场价值取决于市场和产出，房地产评估率取决于房地产评估技术水平的高低，征税覆盖率则取决于征税范围的界定，税率取决于政府税收政策，征收率则由税务机关的征收管理能力决定。这些影响因素中，由税收制度决定的就是征税范围的界定和税率的高低，也是本文进行房地产征税方案设计的要点，故不考虑其他因素，仅关注理论上的应纳税额，也就是计算税额的一般公式：

税额 = 税基 × 税率

笔者将从税基和税率两个角度来设计居民住房的房地产税征税方案：

（1）税基的大小，包括两个方面：一是计税依据的形式，以房地产价值、年租金收入还是建筑面积为计税依据；二是免税形式和范围，考虑按人均建筑面积、人均住房价值还是每套住房价值或面积免税，城乡是否统一纳税等问题。对于计税依据形式，基于房地产税需要回归财产税本性、按租金收入征税的可逃避性和与流转税的重复征税嫌疑，以及按建筑面积征从量税的累退性等理由，本书的征税方案选择按房地产价值征税，鉴于数据的可得性，具体就以房地产市场价值而不是评估值作为计税依据。对于免税形式，免税的理由在于住房是人们的生活必需品，涉及人的基本生存权问题，那么按满足人们生活基本需要的住房面积就应该是我们首选的免税形式，而且，考虑到房地产税的地方税特性，各地房价差异很大，也要加入住房价值因素，此外，上海、重庆房产税试点改革已经在实践中的首套房免税也纳入考察范围，这样，就选择了三种免税形式：按人均建筑面积免税、按人均住房价值免税和按首套房免税。在免税范围上，是否对农村房产免税是最有争议的问题，在方案设计中，我们将在个别方案中将其纳入征税范围便于明晰问题。

（2）税率的设计，包括三种形式：一是单一比例税率，即全国统一税率水平；二是地区差别税率，即根据各地经济发展状况和居民收入水平等因素设定不同的税率；三是累进税率，将考虑按家庭拥有住房的套数设计超额累进税率。

根据上述因素设计方案时，我们先从征税范围最大的方案开始测算，如城乡统一征税，免税面积由小到大，税率由小到大，等等；再逐步逐项改变征税要素和征税条件，就形成了多种征税方案，便于我们从多维度考察房地产税的再分配效应影响因素。

5.1.3 房地产税的具体征税方案设定

根据前文所述的设计思路，拟出下面 6 种征税方案：

（1）全国统一征税，按人均建筑面积免税，人均免税面积分别设为 30 平方米、40 平方米、50 平方米和 60 平方米四档，税率分别按 0.5%、0.8%、1%、1.2% 四档，就组合成 16 个子方案。

（2）在方案 1 的基础上缩小征税范围，仅在城镇范围征税，仍按人均建筑面积免税，人均免税面积分别设为 30 平方米、40 平方米、50 平方米和 60 平方米，税率分别按 0.5%、0.8%、1%、1.2% 四档。

（3）在方案 2 的基础上改变税率形式，由单一比例税率改为超额累进税额，按家庭拥有住房数量计差别税率征税，且免税面积仅对第一套房，第二套以上住房全部征税，且第一套 0.5%，第二套 1%，第三套以上 1.5%；人均免税面积仍然分为四档，仅在城镇范围征税。

（4）在方案 3 的基础上改变免税形式，由按人均住房面积免税改为按首套住房免税，累进税率的组合也再增加两项，具体内容是：仅在城镇范围征税，第一套房直接免税，第二套以上住房全部征税，差别税率征税，税率分别三种组合：①第二套税率 1%，第三套以上 1.5%；②第二套税率 1%，第三套以上 2%；③第二套、第三套都按 2%。

（5）固定人均免税面积为 50 平方米，采用地区差别税率征税，东、中、西部地区分别按 1%、2%、3% 税率征税。

（6）综合考虑各地住房情况、收入差异和房价差异，按人均住房价值免税，仅在城镇范围征税，东、中、西部地区的人均免税价值按各区人均住房面积与该区商品房销售平均价计算，税率也分别采取两种方案：①统一税率 1%；②地区差别税率：东部地区 3%；中部地区 2%；西部地区 1%。

5.2 数据来源与测算方法

5.2.1 数据来源

本书的数据来源于西南财经大学中国家庭金融调查与研究中心对 2011 年中国家庭金融调查（简称 CHFS）的抽样统计数据，该数据公布于 2013 年 1 月，共覆盖了全国 25 个省份、80 个县、320 个社区，有效样本共 8438 个家庭，涉及家庭资产、负债、收入、消费、保险、保障等各个方面的数据，全面反映了当前我国家庭金融的基本状况。CHFS2011 的抽样方法是将全国 2585 县/区按人均 GDP 分成 10 组，每组随机抽取 8 个县（区），每个县（区）随机抽取 4 个社区（居委会、村委会），获得 8438 户及 29450 个人信息。

对于 CHFS 数据的质量，包括调查问卷的信度和效度，抽样调查随机误差和测量误差，中国家庭金融调查与研究中心对此都已经做了严格检测，从人口统计学信息、人口年龄结构及其他信息等方面与国家统计局的官方公布数据进行比对，得出结论，CHFS 数据样本量足够，抽样随机，质控严格，有很好的代表性。因此本书就不再对数据信息质量进行检验。

数据信息中包含了与家庭收入和住房状况相关的数据资料：家庭人口，家庭收入，是否有住房，住房套数，3 套以内的住房的建筑面积、使用面积、取得成本和市场价值，为我们根据具体细致的征税方案准确计算家庭的应纳房地产税额，比较税前税后收入分配状况的变化，提供了较为完备的资料。

5.2.2　基本假设及相关说明

（1）房地产税以房地产的产权所有人为纳税义务人，不向租户家庭征税。居民家庭使用的住房有自有、租赁和借用三种情形，后两种情形的住房应向出租或出借的业主征税；反过来，居民家庭拥有的住房又有自用、出租、出借或空置四种情形，都属于征税范围，因此，可以假设一部分家庭租赁或借用的房产就是其他居民家庭拥有的用于出租、出借的住房，已经包含在业主的多套房产中，对这部分房产，只在业主家庭计算应纳税税额，对租户家庭的住房就不再重复计算税款。

（2）居民家庭拥有的房产均作为居住用途，不考虑生产经营用途。在调查问卷中有关于这项的问题："这套房子是否用于生产或经营用途？"，对第一、二、三套房的回答选择"是"的家庭分别占 3.8%、0.9%、0.2%，且为部分用于生产经营，这部分的面积也是由住户的估计填写，有较强的随意性；而且还有大部分家庭未填写第二、三套房的用途，所以要准确区分居住和生产、经营用途很困难，非居住的情况占比很小，在计算中就采取忽略不计处理。

（3）对拥有多套房产的家庭房地产税的计算仅涉及 3 套房产以内。原因在于：一是本调查问卷对具体房产情况的调查仅包括 3 套以下的房产，没有调查第四套以上的具体房产信息；二是从"您家共拥有几套房子？"这项问题的回答来看，显示 97.2% 的家庭拥有 0、1、2、3 套房，拥有 4 套以上房产的家庭仅占 0.28%，对我们的测算影响并不大，所以不考虑第 4 套以上房产的应纳税额。

5.2.3　测算方法

由于本调查数据的储存形式为 STATA 格式，所以全部测算过程都是采用 STATA12.0 统计软件来实现。对于房地产税的收入分配影响效应，主要采用基尼系数指标来衡量，比较税前税后基尼系数的变化，从全国、城乡、区域三个维度来做具体的比较，再辅助使用平均税率指标，衡量居民家庭的税收负担变化。具体测算步骤如下：首先，对居民家庭的收入和住房情况进行描述性分析，并计算出税前收入和财产分配差距；其次，根据每项征税方案的具体条件，写出方案下的应纳税税额计算公式；再其次，按公式计算每个居民家庭的应纳房地产税额；最后，计算该方案下的税后收入的基尼系数，并与税前和其他方案进行比较和分析，得出结论。

5.3　实证过程与结果分析

5.3.1　居民收入与住房情况的描述性分析

我们需要计算城镇和农村居民家庭的收入分布和居民家庭拥有住房套数、建筑面积及住房价值等家庭住房的基本特征，这将直接决定房地产税的税制设计，同时也会影响房地产税的征收效果。在此做一点说明，本书的目的在于比较房地产税的不同设计方案下收入和财产分配差距的变化，需要剔除 1 个没有任何住房基本特征的样本，有效样本为 8437 个，基尼系数的计算就不能再按调查项目预设的权重进行调整，也没有剔除最高和最低 5% 收入户，所以下面的分析数据与中国家庭金融调查与研究中心发布的《中国家庭金融调查报告》和《中国家庭金融调查收入分配报告》中的数据有一定差异，计算结果会有所高估，但我们都采用一致的标准和方法，所以并不影响比较征税前后的差异，也就不影响本书要研究的问题。

1. 居民家庭收入及收入差距

数据显示（见表 5-1），居民家庭平均年收入为 52578 元，其中，城镇家庭和农村家庭分别为 65386 元和 32071 元，城乡差距比较大，而且无论是城镇还是农村，收入的中位数都远低于平均值，可见城乡内部的家庭收入分布不平等现象也很明显。

表 5-1　　　　　　　　居民家庭收入分布情况　　　　　　单位：元/年

指　标	平均值	中位数
农村居民家庭收入	32071	17250
城镇居民家庭收入	65386	36000
合　计	52578	27700

资料来源：根据中国家庭金融调查数据计算而得。

进一步来计算人均可支配收入的基尼系数（见表 5-2），无论是全国，还是分地区，基尼系数都很高，一方面验证了我们的预测，没有做加权调整和剔除极端样本的处理确实导致基尼系数被高估；另一方面也

显示出我国收入和财产分配差距很大的事实。从城乡内部来看，城镇为
0.6142，农村为0.6361，农村的收入差距反而超过农村。从地区来看，
市场经济发达的东部地区基尼系数最高，相反西部最低。

表5-2　　　　　　　　　　全国及分地区基尼系数

项目	全国	城乡		地区		
		城镇	农村	东部	中部	西部
基尼系数	0.6374	0.6142	0.6361	0.6413	0.6369	0.6290

资料来源：根据中国家庭金融调查数据计算而得。

2. 居民家庭的住房情况

（1）居民家庭拥有住房情况。

调查数据（见表5-3）显示，受住房制度和传统观念的影响，我国
居民家庭拥有自有住房的比例很高，全国自有住房拥有率为90.8%，城
市自有住房拥有率略低于农村，分地区来看，自有住房拥有率最高是中
部地区，西部地区最低。与国际相比，我国住房自有的比例居于世界前
列，世界平均自有住房拥有率为63%，经济发达的美国也仅为65%。[①]

表5-3　　　　　　　　　　自有住房拥有情况

项目	全国	城乡		地区		
		城镇	农村	东部	中部	西部
拥有自有住房户数（户）	7661	4555	3106	3607	2316	1738
自有住房拥有率（%）	90.8	87.7	95.7	90.6	92.0	89.5

资料来源：根据中国家庭金融调查数据计算而得。

---

① 西南财经大学中国家庭金融调查与研究中心. 中国家庭金融调查报告2011 ［R］. 2012.

（2）居民家庭拥有住房数量的情况。

我国居民不仅自有住房拥有率很高，拥有住房的数量也很可观（表5-4）。城镇家庭平均每户拥有的住房为1.22套，近20%的家庭拥有2套以上住房。农村家庭平均拥有1.15套住房，约14%的家庭拥有2套以上住房。城镇拥有3套以上住房的比例高于农村地区，可见城市房地产市场化程度远高于农村，农村居民更多看重的是房产的使用功能，城市居民则更关注其投资功能。分地区来看，东部地区拥有多套房产的家庭比例最高，近20%；中部居中，约为15%；西部地区最低，不到9%，这种差距充分体现了各地的经济发展水平和房地产市场热度。

表5-4　　　　　　　拥有不同住房数量家庭占比　　　　　单位：%

数量	城乡		地区		
	城镇	农村	东部	中部	西部
1套	69.05	80.42	71.31	80.27	84.27
2套	15.44	12.20	15.08	14.03	8.03
3套以上	3.63	2.10	4.12	1.16	0.80

资料来源：根据中国家庭金融调查数据计算而得。

（3）家庭住房面积情况。

居民家庭拥有的住房条件已经有了很大改善（见表5-5）。全国平均每户住房建筑面积已经达到138平方米，人均建筑面积为40平方米。城镇户均建筑面积超120平方米，人均35平方米，农村住房面积更是远高于城镇。从不同地区来看，中部地区户均面积最大，达144平方米；东、西部相同，为135平方米；但西部人均面积最大，为44平方米。从住房面积分布情况来看，家庭住房面积大部分在80~350平方米之间，家庭人均住房面积则大部分集中在20~60平方米之间（见图5-1、图5-2）。

表 5-5 　　　　　　　　　　居民家庭住房面积　　　　　　　单位：平方米

项目	全国	城乡		地区		
		城镇	农村	东部	中部	西部
户均建筑面积	138	124	160	135	144	135
人均建筑面积	40	35	41	37	39	44

资料来源：根据中国家庭金融调查数据计算而得。

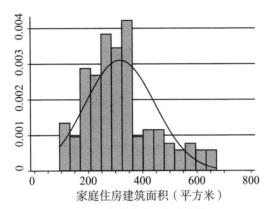

图 5-1　家庭住房面积分布情况

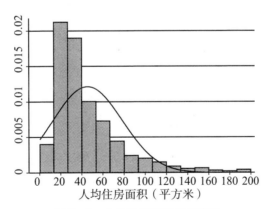

图 5-2　人均住房面积分布情况

（4）家庭住房价值情况。

从家庭拥有住房的市场价值来看，无论是人均住房价值，还是平均每套住房价值，城乡差异、地区差异都非常大（见表5－6）。城镇人均建筑面积虽然只有35平方米，住房价值却高达56万元，农村人均拥有44平方米，价值则仅为15.14万元。东部地区人均住房价值和单套价值都最高，与中、西部差距悬殊，中、西部之间差距不大。

表5－6 家庭人均住房价值 单位：万元

项目	城乡		地区		
	城镇	农村	东部	中部	西部
人均住房价值	56.03	15.14	66.69	17.24	14.52
平均每套住房价值	49.07	12.34	56.02	15.05	13.36

资料来源：根据中国家庭金融调查数据计算而得。

与取得成本相比，我们可以看出住房的增值情况（见表5－7）。近年来，随着房价的快速上涨，居民家庭住房升值也非常快。居民的第一套房取得时间早，成本低，增值幅度最大，城镇住房增值最高达3倍以上，农村房产也增值2倍；第二、三套房产一般取得时间较晚，成本明显升高，但价值也都升值1倍左右。相比之下，城镇住房升值幅度明显大于农村。可见，作为投资，房产的收益非常可观。

表5－7 居民家庭住房的增值情况 单位：万元

项目	城镇			农村		
	第一套	第二套	第三套	第一套	第二套	第三套
成本价格	19.10	39.33	62.03	6.28	16.39	22.75
当前价值	84.10	95.67	122.01	18.34	31.68	40.34

资料来源：根据中国家庭金融调查数据计算而得。

通过上述对调查数据的描述性分析，我们可以直观清晰地了解居民家庭的收入和住房情况。总体来看，伴随着我国居民收入水平的提高，收入和财产分配差距也越来越大，需要引起重视。作为家庭生活必需品和重要财产，居民家庭自己拥有住房的比例非常高，而且拥有多套房产的情况也较多，就意味着居民拥有住房并不仅仅为满足居住的需要，越来越多地把它当作一种投资标的，而它也确实给居民家庭带来了丰厚的投资回报，这就加剧了有房者与无房者之间的收入与财富差距，也带来了房地产市场的非理性运行，这些后果都值得我们关注和思考解决对策。从税收角度而言，人们拥有的高价值房产为征税带来了庞大的税基；房产的高增值收益和人们不断增长的收入为征税带来了可靠的税源；而居民拥有住房的差距引起的居民收入和财产分配差距不断增大，成为房地产税改革的理由和依据；城乡之间、东中西部之间的发展不平衡带来的收入和住房差距为房地产税改革方案的设计加入了更多的考量；最后，居民拥有住房的面积和价值情况则为房地产改革提供了税制要素设计的参考。

5.3.2 具体征税方案下房地产税的测算

1. 方案一

全国统一征税，按人均面积免税，人均免税面积分别设为 30 平方米、40 平方米、50 平方米和 60 平方米，税率分别按 0.5%、0.8%、1%、1.2% 四档。该方案下应纳税额的计算公式如下：

应纳税额 = (建筑面积 – 人均免税面积 × 家庭人口数)

× 单位价值 × 税率

其中，单位价值为该户家庭拥有的住房总价值与住房总建筑面积之比。

（1）平均税负的变化。

根据下列平均税率的公式计算各方案下的平均税负：

平均税率 = 人均应纳税额/人均可支配收入

各方案下的平均税率计算结果如表5-8、图5-3所示。按人均面积作为免税条件进行征税，平均税负的变化非常敏感。随着免税面积的增加，纳税需征税的住房面积逐渐减少，相应的税负水平也不断下降。其中，人均免税面积从30平方米上升到40平方米时，平均税负的变化幅度最大，此后变化越来越小，这是因为40平方米也恰好是全国家庭人均住房面积，63%的居民家庭人均住房面积都在40平方米以下，受益面最大，免税面积设在40平方米，就只有37%的家庭需要纳税，再往上，征税面的变化就不明显了。设定相同的人均免税面积下，税率越高，居民的负担越重，但随着免税面积的增加，高税率与低税率带来的负担差起来越小。

表5-8 　　　　　　按人均面积免税条件下平均税负的变化 　　　　　　单位：%

税率	地区	30平方米	40平方米	50平方米	60平方米
0.5%	全国	1.34	0.94	0.68	0.50
	城镇	1.47	1.03	0.74	0.54
	农村	0.92	0.67	0.49	0.37
	东部	1.65	1.17	0.85	0.63
	中部	0.86	0.60	0.43	0.31
	西部	0.61	0.39	0.27	0.19

续表

税率	地区	30 平方米	40 平方米	50 平方米	60 平方米
0.8%	全国	2.14	1.51	1.09	0.80
	城镇	2.35	1.64	1.18	0.87
	农村	1.48	1.07	0.79	0.59
	东部	2.64	1.87	1.36	1.00
	中部	1.37	0.96	0.69	0.50
	西部	0.97	0.63	0.43	0.30
1%	全国	2.68	1.88	1.36	1.00
	城镇	2.94	2.05	1.48	1.08
	农村	1.85	1.34	0.99	0.74
	东部	3.30	2.33	1.70	1.25
	中部	1.71	1.20	0.86	0.63
	西部	1.21	0.79	0.54	0.38
1.2%	全国	3.22	2.26	1.63	1.20
	城镇	3.52	2.46	1.77	1.30
	农村	2.22	1.61	1.18	0.88
	东部	3.96	2.80	2.03	1.50
	中部	2.05	1.44	1.04	0.75
	西部	1.45	0.94	0.64	0.45

资料来源：根据中国家庭金融调查数据计算而得。

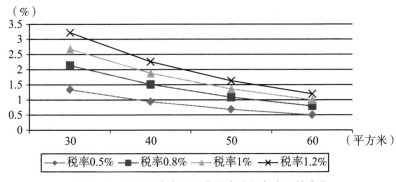

图 5-3　不同税率水平下全国人均税负水平的变化

从城乡差异来看，同样城镇居民家庭的税收负担明显高于农村家庭，虽然同样的免税面积对于居住面积更大的农村居民来说并不占优，但农村房产的低价值足以抵消面积大的劣势。从地区差异来看，东、中、西部地区的税负水平与各区住房价值的差异完全一致，东部地区由于人均住房价值远高于中、西部地区，其平均税负也明显高于中、西部地区，中、西部地区之间的人均住房价值差异不大，所以两者的税收负担差异也不大，中部税负略高于西部。

无论哪种征税组合下，人均收入水平越高的区域，居民的平均税负也越高，表明方案一下的房地产税具有明显的税制累进性。通过不同免税面积和税率的各种组合的平均税负来看，若以房地产税征收最为普遍的美国的平均税负 3.5%[①] 为限定标准，则 30 平方米免税面积与税率 1.2% 的征税组合给居民家庭带来的税负就已经明显过重而不可取，其他征税组合的税负都在可接受的范围内。

（2）税前税后收入和财产分配差距的变化。

从各征税组合下的税后基尼系数变化（见表 5-9、图 5-4）来看，首先，所有征税组合下全国的税后基尼系数都得有所下降，说明方案一是能够改善居民收入分配状况的。其次，比较不同人均免税面积的效果可以看出，随着免税面积的增加，税后基尼系数先逐步下降，到 50 平方米处出现拐点，之后开始升高。这说明过高的免税面积导致征税范围太小，调节收入分配的效果就明显太弱，这也侧面验证了前文对上海、重庆房产税试点改革的收入分配效果不明显的基本推断。再其次，比较不同税率的再分配效应，税率水平越高，其调节效果反而越弱，但如果随

---

① Wallace E. Oates. 财产税与地方政府财政 [M]. 中国税务出版社，2005：222-223.

着免税面积增大，则高税率的调节劣势就会越来越不明显。最后，从区域来看，方案一对城镇的收入分配起到了改善作用，但在农村税后基尼系数不降反升，起到了"逆向收入分配"的效果，主要原因在于农村的总体收入水平不高，而且收入与房产价值之间的正向关系并不明显。对中、西部地区的调节效果略优于东部地区。

表5-9　　　　　按人均面积免税条件下税后基尼系数的变化

税率	地区	人均免税面积				税前基尼系数
		30平方米	40平方米	50平方米	60平方米	
0.5%	全国	0.6178	0.617	0.6164	0.6261	0.6373
	城镇	0.6023	0.6011	0.6005	0.6101	0.6142
	农村	0.6387	0.6380	0.6374	0.6370	0.6361
	东部	0.6430	0.6416	0.6407	0.6502	0.6538
	中部	0.5333	0.5326	0.5322	0.5419	0.5616
	西部	0.5390	0.5385	0.5382	0.5481	0.5649
0.8%	全国	0.6195	0.618	0.6170	0.6265	0.6373
	城镇	0.6045	0.6024	0.6012	0.6106	0.6142
	农村	0.6406	0.6393	0.6384	0.6376	0.6361
	东部	0.6457	0.6433	0.6418	0.6509	0.6538
	中部	0.5345	0.5333	0.5326	0.5422	0.5616
	西部	0.5397	0.5389	0.5384	0.5482	0.5649
1%	全国	0.6207	0.6187	0.6175	0.6268	0.6373
	城镇	0.6061	0.6033	0.6018	0.6110	0.6142
	农村	0.6418	0.6402	0.6390	0.6381	0.6361
	东部	0.6477	0.6445	0.6426	0.6515	0.6538
	中部	0.5353	0.5338	0.533	0.5425	0.5616
	西部	0.5402	0.5392	0.5386	0.5483	0.5649

续表

税率	地区	人均免税面积				税前基尼系数
		30平方米	40平方米	50平方米	60平方米	
1.2%	全国	0.622	0.6195	0.618	0.6272	0.6373
	城镇	0.6078	0.6044	0.6025	0.6114	0.6142
	农村	0.6432	0.6412	0.6397	0.6385	0.6361
	东部	0.6499	0.6459	0.6435	0.652	0.6538
	中部	0.5362	0.5344	0.5333	0.5427	0.5616
	西部	0.5408	0.5395	0.5387	0.5484	0.5649

资料来源：根据中国家庭金融调查数据计算而得。

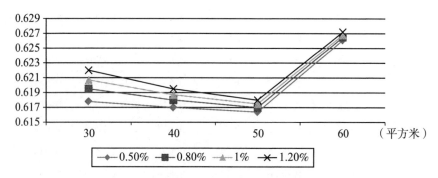

图 5-4　不同税率水平下全国税后基尼系数的变化

2. 方案二

仅在城镇范围征税，按人均面积免税，人均免税面积分别设为 30 平方米、40 平方米、50 平方米和 60 平方米，税率分别按 0.5%、0.8%、1%、1.2% 四档。该方案的计算只需要剔除农村家庭样本，计算公式与方案一相同：

$$应纳税额 =（建筑面积 - 人均免税面积 \times 家庭人口数）$$

$$\times 单位价值 \times 税率$$

与方案一相比，方案二由于征税面的缩小，其平均税率也就一定低于方案一，所以不再考虑其对家庭负担的影响，直接比较方案二的税后基尼系数变化（表5-10）。正如方案一中已经显示出对农村征税并不能改善收入分配，方案二各征税组合下的税后基尼系数比方案一都普遍有所下降，再次证实了这个结论。同时我们也可以看出，方案二较方案一的下降幅度并不大，说明农村对全国和地区的基尼系数的影响不在于它的高收入人群，而主要在于其低收入人群特别是贫困者拉大了总体收入差距。

表5-10 按人均面积免税且农村不征税条件下税后基尼系数的变化

税率	地区	人均免税面积				税前基尼系数
		30平方米	40平方米	50平方米	60平方米	
0.5%	全国	0.6169	0.6163	0.616	0.6258	0.6373
	东部	0.6423	0.6411	0.6403	0.6499	0.6538
	中部	0.532	0.5317	0.5316	0.5415	0.5616
	西部	0.538	0.5378	0.5378	0.5478	0.5649
0.8%	全国	0.618	0.617	0.6164	0.6261	0.6373
	东部	0.6446	0.6425	0.6412	0.6505	0.6538
	中部	0.5324	0.5319	0.5317	0.5416	0.5616
	西部	0.5380	0.5378	0.5378	0.5477	0.5649
1%	全国	0.6189	0.6175	0.6167	0.6263	0.6373
	东部	0.6463	0.6435	0.6418	0.6509	0.6538
	中部	0.5327	0.5321	0.5318	0.5417	0.5616
	西部	0.5381	0.5378	0.5377	0.5477	0.5649
1.2%	全国	0.6198	0.618	0.617	0.6265	0.6373
	东部	0.6481	0.6446	0.6425	0.6514	0.6538
	中部	0.533	0.5323	0.5319	0.5418	0.5616
	西部	0.5382	0.5378	0.5377	0.5477	0.5649

资料来源：根据中国家庭金融调查数据计算而得。

3. 方案三

仅在城镇范围征税，按住房数量计差别税率征税，免税面积仅对第一套房，第二套以上住房全部征税，且第一套 0.5%，第二套 1%，第三套以上 1.5%；免税面积分四档。该方案下的税额计算公式为

第一套房应纳税额

$$= \begin{cases} 0，当建筑面积 \leqslant 人均免税面积 \times 家庭人口 \\ (建筑面积 - 人均免税面积 \times 家庭人口) \times 单位价值 \times 税率 0.05\%， \\ \quad 当建筑面积 > 人均免税面积 \times 家庭人口 \end{cases}$$

第二套房应纳税额 = 房产价值 × 税率 0.1%

第三套房应纳税额 = 房产价值 × 税率 1.5%

家庭共计应纳税额 = 第一套房税额 + 第二套房税额 + 第三套税额

需要说明一下，居民拥有多套房产的排序按取得时间的先后顺序。显然，与方案二相比，方案三引入了累进税率，随着财产的增加税率也升高，这就加大了税率的累进性，同时将免税面积的扣除条件控制的更为严格，仅限在第一套房中得到扣除，如果第一套房产的面积过小而不足以扣除免税面积，免税优惠就失效了。

对方案三的税后基尼系数变化（见表 5 - 11）分析发现，房地产税的累进税率调节收入分配效果并不如理论上那么好。总体来看，当人均免税面积定在 30 平方米时，全国的税后基尼系数确实有所下降，但幅度很小；当人均免税面积提高到 40 平方米时，与免税 30 平方米的效果没有区别；提高到 50 平方米时税后基尼系数降到最低；当免税再提到 60 平方米时，税后分配效果反而恶化了。究其原因，63% 的家庭人均住房面积在 40 平方米以下，所以免税条件的严格对大部分家庭并没有影响；

随着免税面积增加到 50 平方米时，就有一部分拥有多套房产的家庭因免税面积未能扣足而且再加上高税率，税负加重，这部分家庭占样本总数的 22.4%，所以调节效果增强；但是，当免税面积增强到 60 平方米时，这部分家庭反而得到了更高的免税额度，因此而减轻的税负与因高税率而加重的税负产生了抵消作用，调节效果出现逆转。分地区来看，方案三对各地区的影响效果差异较大，在东部地区出现了"逆向收入分配"效果，在中、西部地区调节效果较好。此外，方案三的计算非常复杂，对于套数的排序也都给征收管理带来了一定的难度。

表 5 – 11　　　　　　方案三条件下城镇家庭基尼系数的变化

地区	30 平方米	40 平方米	50 平方米	60 平方米	税前基尼系数
全国	0.6356	0.6356	0.6346	0.6395	0.6373
东部	0.6712	0.67	0.6694	0.6763	0.6538
中部	0.5391	0.5388	0.5387	0.5414	0.5616
西部	0.542	0.5418	0.5417	0.5425	0.5649

资料来源：根据中国家庭金融调查数据计算而得。

4. 方案四

差别税率征税，仅在城镇范围征税，第一套房直接免税，第二套以上住房全部征税，税率分别三种组合：①第二套税率 1%，第三套以上 1.5%；②第二套税率 1%，第三套以上 2%；③第二套、第三套都按 2%。该方案下直接计算第二、第三套房产的税额，公式如下：

$$应纳税额 = \begin{cases} 0，房产数量 < =1 \\ 第二套房产价值 \times 适用税率，房产数量 =2 \\ 第二套房产价值 \times 适用税率 + 第三套房产价值 \\ \times 适用税率，房产数量 =3 \end{cases}$$

与方案三相比，方案四依然保持了方案三的累进税率，但放松了免税范围，不再按人均免税面积免税，直接按第一套房免税，计算要简便很多，房产排序的困难仍然存在。

比较税前税后基尼系数（见表5-12），三个子方案的全国税后基尼系数都比税前降低了0.02左右。由此我们可以看出，方案四的3个子方案的调节效果都比较好，明显优于方案三，也比方案二的各种组合都更好。这说明按第一套房产免税更符合人们的生活需要，因为第一套房即使再大，也只能是用于消费，很少能将多余面积出租，更无法部分转让取得收益，多套房产以上才有更多的选择性，才具有投资作用。相比方案三，这种免税方案使得累进税率的累进性能更充分地发挥出来，而不至于被免税面积的变化所抵消。而且，方案四不仅改善了全国收入分配状况，对东、中、西部地区内的收入分配也有同样的调节效果，特别是东部地区的税后基尼系数较其他方案都有了明显改善。

表5-12 方案四条件下城镇家庭基尼系数的变化

地区	①1%，1.5%	②1%，2%	③2%，2%	税前基尼系数
全国	0.6156	0.6156	0.6184	0.6373
东部	0.6392	0.6392	0.6463	0.6538
中部	0.5314	0.5314	0.5320	0.5616
西部	0.5379	0.5379	0.5372	0.5649

资料来源：根据中国家庭金融调查数据计算而得。

再来比较方案四下的三个不同税率组合，方案"②"虽然比方案"①"的边际税率更高，但两者的税后基尼系数却完全相同，可见对第三套房产的税率高低对整个收入分配状况的影响很小，产生原因在前文中已经提到，就是拥有3套以上房产的家庭很少，在城镇仅占3.63%，在东部地区为4.12%，中部地区为1.16%，西部地区为0.80%。方案"③"在方案"②"的基础上提高了第二套房产的税率，与第三套相同为2%，税后基尼系数反而比方案"②"高，说明第二套房的拥有家庭收入与其房产价值的正相关关系不够显著，2%的税率使得部分并非高收入家庭税负占收入的比重过大，影响了整体收入分配效果。

5. 方案五

仅在城镇范围征税，根据方案一的结论，将人均免税面积定为50平方米，地区差别税率征税，东、中、西部地区分别按1%、2%、3%税率征税。该方案又重新回到人均免税面积的免税方式，但不再采用全国统一的单一比例税率，改为地区差别比例税率，税率也有所提高。因为前面的分析发现使用人均免税面积方式免税时，50平方米处的调节分配效果最优，所以在此方案中直接将人均免税面积设定为50平方米。税额的计算公式与方案一相同，只是分不同地区按不同税率，就不再赘述。

方案五的征税条件下，全国税后基尼系数为0.6212，比税前降低了0.016，说明方案五也改善了全国收入分配状况。分地区来看，该方案对中、西部地区的调节效果明显优于东部地区，可见，低税率对中、西部地区更为有利。与方案二中的人均免税50平方米和税率1%的组合相比，全国税后基尼系数0.6212比0.6167略高一点，在各地区也是类似的情况。这说明地区差别税率的累进效果并不明显，见表5-13。

表 5 – 13   方案五条件下的税后基尼系数的变化

项目	全国	东部	中部	西部
税前基尼系数	0.6373	0.6538	0.5616	0.5649
税后基尼系数	0.6212	0.6514	0.5325	0.5377

资料来源：根据中国家庭金融调查数据计算而得。

6. 方案六

按人均住房价值免税，仅在城镇范围征税，东、中、西部地区的人均免税价值按各区人均住房面积与国家统计局公布的 2011 年该区商品房销售平均价[①]的积，为方便计算，将得数取整，即

①东部地区人均免税住房价值

= 37 平方米 × 6777 元/平方米 ≈ 25（万元）

②中部地区人均免税住房价值

= 39 平方米 × 4060 元/平方米 ≈ 16（万元）

③西部地区人均免税住房价值

= 44 平方米 × 4255 元/平方米 ≈ 19（万元）

税率也分别采取两种方案：

①统一税率 1%。

②地区差别税率：东部地区 3%；中部地区 2%；西部地区 1%。

相应地，应纳税额的计算公式如下：

应纳税额 =（房产价值 – 人均免税住房价值 × 家庭人口数）× 税率

---

① 2011 年全国商品房销售面积及销售额增速均回落 [EB/OL]. 国家统计局网站，2012 – 01 – 18.

显然，该方案是前几套方案的结合，综合考虑了各地住房情况、收入差异和房价差异。

比较税后基尼系数的变化（见表 5 - 14）发现，不同税率形式的子方案效果明显不同，采取单一比例税率的方案六"①"下的全国税基尼系数为 0.6188，较税前降低了 0.02，较好地改善了收入分配状况，在中、西部地区的调节效果明显优于东部地区；与采取统一比例税率的方案一中 1% 税率各组合的情况相比，该子方案的税后基尼系数比按 30 平方米免税方案略低一点，但却比 40 平方米、50 平方米免税方案更高，说明按人均免税房产价值免税与人均住房面积免税这两种方式较为类似，从公式的差异也可以看出，房产价值为面积与单价之积，按人均住房面积免税带来的人均税基减少额为人均免税面积与家庭房产平均价之积，而按人均房产价值免税带来的人均税基减少额就等于人均免税面积与地区房产平均价之积，两者的差异在于免税价值计算所用的单价不同，所以差异并不大，调节收入分配的效果也就没有明显差异；与按第一套住房免税、二套以上分别按 1% 、1.5% 差别税率的方案四"①"相比，方案六"①"的税后基尼系数为 0.6188，比方案四"①"的 0.6156 略高一点，这与免税房产价值的高低有关系，因为按方案六"①"的免税房产价值限额，符合征税条件的家庭有 12.3% ，而按方案四"①"的第一套房免税，符合征税条件的家庭有 19.1% ，后者的征税覆盖面更大，调节效果更好，这一差异可以通过降低人均免税房产价值来达到更好的效果。再来看方案六"②"，地区差别税率下税后基尼系数不降反升，出现了"逆向收入分配"效应，主要归因于方案六"②"对东部地区的负面影响过大，东部地区基尼系数从税前的 0.6538 上升至 0.6943，分析原因，笔者认为是东部地区的房价上涨过快，使得家庭住房价值与收入的关联性变弱，即使按交易均价来计算人均免税房产价值，也仍然加重了部分中等收入者甚至低收入者的负担，从而使收入分配更加恶化。

表 5-14　　　　　方案六条件下城镇家庭基尼系数的变化

税率	①1%	②1%，2%，3%	税前基尼系数
全国	0.6188	0.6412	0.6373
东部	0.6489	0.6943	0.6538
中部	0.5314	0.5315	0.5616
西部	0.5376	0.5376	0.5649

资料来源：根据中国家庭金融调查数据计算而得。

5.4　实证分析的基本结论

在本章中，利用 2011 年中国家庭金融调查的微观家庭数据，实际测算了 6 种不同的房地产税征税方案下 8437 个有效样本家庭的纳税情况，并计算相应的税收负担和税前税后基尼系数变化，得到了较为翔实的实证结果。通过对实证结果的仔细比较与分析，得到以下几点基本结论：

（1）通过对各种可能的征税方案的分析，总体来看，按市场价值来征税具有财产税属性的房地产税对于调节居民收入分配的效果是可以肯定的，但由于房地产价值与居民收入水平之间的正向关系不够明显，而且目前居民收入水平基数还不够大，过大的征税范围和过高的税率都可能导致房地产的逆向调节效果，因此缩小征税范围和低税率水平的选择会减弱房地产税调节收入分配的效果，使得这种效果并不强。

（2）房地产税调节收入分配的实际效果强弱与税制要素的设定密切相关。其中最为关键的要素就是征税范围、税率和免税方式，因为它们直接决定了具体纳税人的税收负担高低和税负的公平性。

（3）从征税范围对收入分配的影响来看，农村区域总体收入水平偏低，而且它的收入分配问题主要受低收入者特别是贫困人口的影响，而征收房地产税的主要作用在于"削高"，所以目前农村区域尚不具备征收房地产税的条件，对其征税可能会带来逆向分配效应。从地区来看，东部地区对房地产税方案的差异更为敏感，而中、西部地区在农村免税的条件下都表现出较好的调节效果。

（4）从不同的免税方式来看，按第一套住房免税的效果具有明显优势，按人均住房面积免税与按人均房产价值免税也都具有调节效果，两者差异不大。如果按人均住房面积免税，人均50平方米左右比较适合目前中国的现实情况，取得较好的调节收入效果。如果按人均房产价值免税，可考虑地方差异，按各地的人均房产价值分别设定免税条件，效果较优。

（5）从税率的形式来看，地区差别税率并不适合目前中国的现实情况，调节效果不好甚至相反，单一比例税率和按套数的超额累进税率都可以取得较好的调节效果，按套数的超额累进税率略强于单一比例税率，但其计算复杂、征管难度大也是需要考虑的问题。

（6）从税率水平来看，需要慎重确定税率的高低。目前并不适合采取过高的税率，即使是边际税率过高，也可能会带来逆向再分配效应。如果选择比例税率，则在1%以内较为合适，超过这一水平，平均税负会明显偏重，而且调节作用明显减弱甚至相反。如果是累进税率，则最高边际税率在1.5%以内效果较好。

（7）从具体的征税方案的比较来看，首套房产免税与累进税率组合的方案四"①"效果最优；其次是按人均住房面积免税与单一比例税率组合的方案二、按人均房产价值免税与单一比例税率组合的方案六；再其次是人均面积免税与地区差别税率组合的方案五与包括农村的方案一；最后是人均免税面积仅限首套房产与累进税率组合的方案三。当然，这些方案不仅是收入分配效果不同，财政收入能力和征管难度也各不相同，需要决策者综合考虑，在此只给出了收入分配的结论。

6

结论与政策建议

6.1　主要研究结论

（1）居民的收入分配差距与财产分配差距密切相关。因为收入与财产二者之间存在着密切的互动关系，一方面个人的总收入在满足消费之余，会形成财产的积累，也就是说，收入也是财产的来源，个人的收入越高，其财产的积累就越快；另一方面，财产会产生财产性收入，是收入的一种来源，个人拥有的财产越多，其财产性收入也会越多，进而总收入也会越多。因此，居民的收入能够形成财产并影响财产分配，而财产又可以获得收入进而加剧收入差距，容易导致富者更富、穷者更穷的"马太效应"，而且财产分配差距还可以代际相传，进一步放大这种"马太效应"。

（2）作为典型的财产税，房地产税是财富再分配的重要手段，具有调节居民分配的职能，其调节分配的关键要素在于它的累进性，理论分析表明，房地产税对收入分配的影响是以累进为主的。房地产税的地方税特性使它对于调节本辖区内部居民的分配差距更具优势，显现出不同于个人所得税等其他税种的特殊调节作用。房地产税的税基不可移动性也使它在再分配上更具优越性。因此，房地产税调节居民收入和财产分配的职能是确定的，尽管也有一些争议，但不能从根本上否认房地产税的调节作用。

（3）房地产税对收入和财产分配的影响机理在于：首先房地产税的征收会带来纳税人当期收入的减少，这是房地产税对收入分配的最直接影响。其次，对于资本属性的房地产而言，征税会使投资者的财产性收入减少；征税带来的投资收益减少短期内会影响财产积累总量，长期内会改变居民的财产积累结构，进而影响未来的收入分配。

（4）房地产税虽然具有再分配职能，但在税收实践中要真正有效地发挥这种作用，还有赖于房地产税的税收制度要素、征收管理要素和税款使用要素的合理安排。税制要素作用于个人的实际税收负担从而改变人们税后实际可支配收入；严格高效的征收管理是税收充分发挥再分配职能的重要保证；从税收使用角度来看，将房地产税收收入用于提供保障性支出会更有利于公平分配的目标。

（5）对我国当前的居民收入和财产分配状况的分析表明，我国正在经历居民财产高速积累和分化的时期，居民财产分配的差距，特别是房地产分布的差距，相应地导致了居民财产性收入差距，财产性收入绝大部分集中在少数人之手。这一点是中国的特殊国情。如果不能有效解决这一问题，房地产分布不平等还会继续拉大居民收入和财产分配差距。

（6）与中国当前居民分配状况的特殊现实需要不相匹配的是，我国现行房地产税收体系存在收入规模小、分布结构不均衡、税种设置不合理、个人几乎不征税、征管漏洞多等问题，房产税尚不具备完全意义上的财产税的特征，上海、重庆房产税试点改革也仍未能使其具备财产税属性，所以也就很难起到调节分配的作用。

（7）实证分析表明，现行房地产直接相关的五个税种中，只有土地增值税具有一定的累进作用，还带动整个房地产税种总效应的累进趋势，其他税种均在部分年份呈现出累退的趋势。这一发现与前面的理论分析结论基本一致，土地增值税的累进作用源自它的 40% ~ 60% 的超率累进税率，其他税种则因其计税依据和税率的不合理而产生累退效果。单独对房产税累进性的分析发现，我国房产税对于个人出租住房的高收入者起到一定的调节作用，但由于采用比例税率和没有对低收入者的豁免的条款，所以对于低收入者来说带来了一定的税负不公平问题，但因为房产税总体税负水平太低，这种累进效果也就无法对收入分配起到明显的作用。上海、重庆房产税试点改革也并未使这一现实状况得以改善。

（8）通过对微观家庭数据的分析，使我们对当前居民分配状况的宏观分析有了更细致的微观基础。随着我国经济的快速发展，居民收入水平大幅提高，但差距也越来越大，而受传统观念和住房制度改革的影响，我国居民家庭对房产的拥有比例远高于世界其他国家，使得房地产成为家庭的主要财产，近年来房价的快速上涨加速了房地产的升值，对居民收入和财产分配产生了较其他国家更为明显的重要影响。

所以，我国的房地产税改革也不能像其他国家一样仅考虑其满足地方财政收入的需要，更要让它发挥再分配的特殊职能，解决中国当前的特殊现实问题。

（9）从6种征税方案下模拟测算的房地产税对微观家庭样本的收入分配影响来看，按市场价值来征税具有财产税属性的房地产税确实具有再分配作用，但效果强弱与税制要素的设定密切相关，其中最为关键的要素就是征税范围、税率和免税方式。

（10）在征税范围的选择上，需要考虑城乡差异，目前农村区域尚不具备征收房地产税的条件。从地区来看，东部地区对房地产税方案的差异更为敏感，而中、西部地区在农村免税的条件下都表现出较好的调节效果。

（11）从不同的免税方式来看，按第一套住房免税的效果具有明显优势，按人均住房面积免税与按人均房产价值免税也都具有调节效果，两者差异不大。如果按人均住房面积免税，人均50平方米左右比较适合目前中国的现实情况，能取得较好的调节效果。如果按人均房产价值免税，可考虑地方差异，按各地的人均房产价值分别设定免税条件，效果较优。

（12）从税率水平来看，需要慎重确定税率的高低。目前并不适合采取过高的税率，即使是边际税率过高，也可能会带来逆向再分配效应。如果选择比例税率，则1%以内较为合适，超过这一水平，平均税负会明显偏重，而且调节作用明显减弱甚至相反。如果是累进税率，则最高边际税率在1.5%以内效果较好。

6.2 房地产税改革的政策建议①

6.2.1 关于改革目标和原则

1. 以调节分配为主，兼顾财政收入

房地产税改革的目标究竟是抑制高企的房价，解决地方财政收入困境，还是调节收入和财产分配，这是目前争议最多的问题，但也是决定改革成败的关键，因为不同的目标意味着不同的税制设计方案，所以这是必须首先厘清的问题。对于抑制房价作用，上海、重庆房产税试点改革已经给出了答案，它们当初最主要的目标就是抑制房价，所以在试点方案中加入了很多与房价相关的要素，但上海、重庆的房价走势并未出现不同于其他城市的情形，从全国房价的演进路径中也不能找到房产税改革影响的痕迹。对于财政收入作用，只有扩大征税范围，收入一定会增加，但要弥补地方财政收入缺口、代替土地出让金是不现实的。一方面，造成地方财政收入缺口的根源在于中央与地方间的事权划分与财力划分不匹配，地方政府的事权大于其财力，并非是因为全国财政总收入不足，相反，税收收入一直在持续快速增长，那么解决这一问题更合理

---

① 本节内容中部分政策建议已公开发表，见于：周清. 房产税改革试点成效评析与政策调整 [J]. 税务研究, 2012 (10).

的办法应该是改革财政体制，而不是让地方政府重新开辟财源，因为这会直接加重居民的税收负担；另一方面，目前地方政府财政缺口只有少数几个经济较发达的省份是在20%以下，其他省份都非常庞大，有的经济不发达地区高达80%以上，要使房地产税占财政收入由现在百分之几的比重增加到百分之几十，可以想象需要设定多高的税率，前文分析结论是居民家庭只能承受1%以内的税率，况且越是收入缺口大的地方，房地产价值越低，房地产税的收入能力会越差。因此，从目前的现实背景来看，财政收入也不适合作为房地产税改革的主要目标。

将调节分配作为当前房地产改革的主要目标，理由有二：一是其财产税属性的题中应有之意，它对房地产这种特殊财产的调节作用是其他税种无法替代的；二是由中国的特殊国情决定的，这点前文已经论述，中国的居民家庭对房产的拥有比例远高于世界其他国家，使得房地产成为家庭的主要财产，对居民收入分配产生了较其他国家更为明显的重要影响，已经出现了"有人没房住、有房没人住"的两极分化现象，因此，相比财政收入职能，调节收入分配显得更为重要而紧迫。况且，调节收入分配与取得财政收入两者并不矛盾，因为要更好地发挥收入分配职能也是要以足够的财政收入为基础的。从这个意义上说，房地产税应以调节收入分配为主，兼顾财政收入。

2. 以"简税制、宽税基、低税率、严征管"为原则

2003年中共十六届三中全会提出的"简税制，宽税基，低税率，严征管"的原则，同样适用于房地产税改革。现行房产税制征税制度就是因为征收范围过窄，难以发挥调节财富的作用。从目前我国收入分配的现实状况来看，居民整体收入水平还不够高，房产价值与居民收入水平

之间的正向关系还不够强，只能采用低税率才不至于影响到低收入人群。房地产税本身对征管能力的要求就很高，需要简化的税制才能保证征管的实效，而严格征管是房地产税充分发挥再分配职能的重要保证。

6.2.2　关于税制框架

1. 房地产税税制模式的选择

房地产税的税制模式分为两类：一类是土地与房产合并征税，称房地产税、不动产税或财产税；另一类是对土地与房产分别征税，分设两个税种即土地税和房产税。由于土地与房产的价值往往紧密相连，无法单独准确估算各自的价值，特别是在城镇地区，大部分土地都属于建筑用地，无法与地上建筑物分开处理，所以大多数国家都选择土地与房产合并征税的模式，如英国、美国、法国等。就我国而言，土地使用权和房产都体现着家庭或个人的财富水平，而且房地产价格的高涨主要在于地价的上涨，要保证房地产税的再分配效果，对土地与房产合并征税是必然的选择。

2. 现行房地产相关税种的取舍

房地产税改革不能仅限于对现行房产税进行改革，而是将它定位于房地产保有环节的税种，要与流转环节的税负保持均衡，就需要有增有减的改革。笔者认为，应该将现有的与房地产直接相关的五个税种一起并入房地产税。现有房地产五项税收各自目标不统一，税制不合理，带来很多问题，运行结果与目标相去甚远。事实上，土地增值税为抑制房地产投机行为，耕地占用税为保护耕地，土地使用税为提高土地使用效率，这些目标都可以通过在房地产保有环节征收足够的房地产税，来增加房地产的持有成本一并达到效果。为避免房地产流转环节的税负合并后存量房地产的重复征税问题，可考虑在过渡期间对新增房地产和存量房地产采取差别税负，对原有房地产在保有期间实行优惠税率，直到存量房地产再转让后就恢复到统一税率水平。

3. 房地产税与土地出让金之间关系的处理

对于房地产税与土地出让金的关系，两者在理论上没有必然的关联。前者是税，后者是土地租金，而且正如前文所述，后者的问题有其内在的原因。造成土地财政的根源主要在于中央与地方间的事权划分与财力划分不匹配，地方政府的事权大于其财力，并非是因为全国财政总收入不足；相反，税收收入一直在持续快速增长，那么解决这一问题更合理的办法应该是改革财政体制，所以不可能或很难通过房地产税来解决。从规模上来看，当前房地产税改革后的收入规模也很难替代土地出让金。就算要让它代替土地出让金，那么征税时就必须对房地产按是否已交土地出让金区别对待，否则就真的出现重复征收了，若真要区别对待，且不说征管难度加大的问题，我们所关注的公平就出现问题了，因为居民在买房时并不清楚开发商是否已交土地出让金，这个历史问题却要由购房人来买单，就又出现同样价值房地产纳税不同的不公平问题。此外，即使在房地产税的设计中将土地出让金的规模包括在内，地方政府也并不会因此而停止拍卖土地。基于以上的简单分析，笔者认为房地产税的开征以低税负运行，与土地出让金并行不悖。

6.2.3　关于具体要素设计

既然房地产税改革要以调节收入分配为主要目标，那么在具体税制要素的设计中都要体现这一目标。

1. 尽量拓宽征税范围

首先，将个人拥有全部非营业用房都纳入征税范围，无论是豪华还是普通住宅，也无论是新购还是存量房地产。其次，考虑到农村可能出现的逆向再分配效应，征税范围暂不包括农村，仅对城市、县城、建制镇和工矿区，或者将对农村的征免权下放给地方政府，由地方政府根据其城市化程度和农村房产的市场价值和收益状况来决定是否征税。再其次，借鉴车船税的改革经验，取消对行政、事业单位自用房地产的免税，以提高其房地产资源的利用率。最后，将房地产开发企业的超过预售期尚未售出的尚未出发的土地、已完工开发产品也纳入征税范围，抑制房地产开发企业的"捂盘惜售"现象，提高房地产的使用效率。

2. 以房地产评估价为计税依据

这是房地产税调节分配、实现纵向公平的最关键要素。统一采取以市场价值为基础的房地产评估价为计税依据，无论工商业使用、自住还是出租，都不再以租金收入为计税依据，因为租金收入隐蔽性强，难以监控，而且租赁协议条件不同，可能涉及水电费等其他相关费用，准确区分也较为困难。此外，现行房产税试点改革中按房地产成交价计税和房产税对工商业房地产按房地产原值计税，都会导致计税依据偏离市场价值，引起税负不公问题，因而也是不可取的。

3. 尽量实行低税率

（1）税率水平的设定。由于房产税的税基与税源的不一致，征收房产税最终还是要考虑纳税人的负担能力，即收入水平。从我国目前居民的收入水平来看，只能实行较低税率，从前文的分析来看，1%以内的比例税率或者高边际税率在1.5%以内的累进税率调节效果较好。

（2）税率形式的选择。对于单一比例税率、地区差别税率和按住房数量的累进税率，一是不宜设置地区差别比例税率，这并不能带来更好的分配效果，在前文的模拟测算中已经清晰地呈现出这一结论；单一比例税率与累进税率两者各有优缺点，单一比例税率简便易行、征税成本较低，但累进性稍弱，累进税率的累进性强，但计算相对复杂，征税成本高，建议根据其征管能力来选择。从再分配效果的角度考虑，按房地产数量的累进税更有优势。

（3）对于不同用途的房地产适用相同的税率。在工商业房地产和居民住房一并纳入征税范围的情况下，适用相同的税率，保证税负公平，也避免造成税率不统一带来的漏洞。

4. 慎重设置税收优惠

首先，免税的主旨在于保障居民的住房基本需要，可以选择按人均住房面积免税、按人均房产价值免税和按首套住房免税，都能体现调节作用。按首套住房免税的再分配效果最好，但对于首套住房的界定困难以及容易导致假离婚等使社会关系混乱，对征管的要求也较高。如果按人均住房面积免税，根据前文的模拟测算结果，建议按人均50平方米左右；如果按人均房产价值免税，可考虑地方差异，按各地的人均房产价值分别设定免税条件。重庆试点方案中的按单套面积免税的方式极不可取，既容易扭曲房地产市场的多样性，又会带来税负不公。其次，设置税收优惠尽量不以产权所有人的特征来确定，而应以房产特征来确定，让免税具有普适性，不易滥用。

5. 确定专向税收用途

为强化再分配的效果，对房地产税收入的使用首选居民保障房建设，上海、重庆房产税试点改革中提出房产税收收入用于保障性住房建设等方面的支出，这点值得提倡，这样做可以直接平衡住房水平的差距。其次可以用于向低收入者的转移性支出，也可用于教育、医疗、卫生等一般性公共服务，致力于社会基本公共服务均等化，保证机会公平。

6. 赋予地方政府更多的税权

我国东、中、西部地区在经济发展水平、居民收入水平和住房状况都存在很大差异，进而收入分配状况也各不相同，而房地产税又属于典型的地方税，具有多层次、多区域性的特征，所以建议在税制制定中考虑对中央和地方的管理权限进行适当调整和分权，给地方政府足够的自主权，使其根据辖区内部的收入分配状况选择更合适的征税方案，充分发挥房地产税善于调节区内差距的优势。具体立法程序上，建议由中央统一制定房地产税法的前提下，赋予省级人大制定实施细则的权限，赋予省级政府税收减免等征管方面的权限。

7. 综合考虑各种因素来选择下一步试点地区

显然，从上海、重庆的房产税试点改革成效来看，目前在全国铺开的时机尚未成熟，还有必须继续扩大试点范围。上海、重庆都属直辖市，城市化水平都较高，但在全国不具普遍性，所以下一步需要选择一个省的范围，在其城市、县城、建制镇、工矿区全面试点，以观其效。综合考虑经济发展水平、房价水平和税收征管水平，建议以广东省为下一个试点地区。此外，房产税的试点地区的选择还应与营业税改征增值税试点范围的扩大结合起来考虑。因为在营业税改征增值税的试点地区内，税收收入会明显减少，试点房产税的收入在一定程度上可减小地方财政减收的压力；而且，由于营业税的征管范围缩小，地方税务部门可以有更多的精力做好试点房产税的征管。

8. 时机成熟时在全国统一修订房产税，予以立法

试点的目的是要积累经验，最终要在全国范围实施房产税改革，税收收入归属于地方政府。鉴于目前我国地方政府的自治能力较弱，有必要在全国统一修订房产税，统一征收标准。条件成熟时，由全国人民代表大会及其常务委员会立法，制定法律。

6.3　征管与配套政策的完善

要保证预设的征税方案能顺利实施并达到理想的再分配效果，还需要一系列加强征管和配套政策的完善。

6.3.1 加强与新不动产登记制度的对接

要对房地产征税，首要前提就是明确房地产的产权归属，明确合法权利人，才能明确纳税人和相应的纳税义务。2007 年颁布的《物权法》中就明确提出要统一不动产登记制度，直到 2014 年 11 月 12 日国务院才正式颁布《不动产登记暂行条例》，自 2015 年 3 月 1 日起施行。新不动产登记制度的出台，全国统一登记房地产信息，对于房地产税的开征，提供了重要的基础。那么，加强与新不动产登记制度的对接，尽快与不动产登记有关信息互通互享，就成为房地产税改革的前期工作。新的不动产登记内容主要包括动产的坐落、界址、空间界限、面积、用途等自然状况，不动产权利的主体、类型、内容、来源、期限、权利变化等权属状况，涉及不动产权利限制、提示的事项。在进行房地产税改革方案时，要尽量利用这些已有的登记信息，征税时也可以按登记的唯一的不动产单元号建立纳税档案。

6.3.2 建立适合我国实际的房地产评估体系

上海和重庆两地方案都明确提出在条件成熟时要以房产评估价作为计税依据，这也是房产税作为财产税的题中应有之意，所以建立合适的房地产评估体系是完善房产税的前提条件。从发达国家的实践来看，房地产评税主要有三种模式，即第三方机构评估、税务部门下属机构评估和税务部门以外的政府机构评估。就我国实际而言，建立以税务部门下属机构为主的评估体系较为合适。具体设想如下：对于三年以内发生交易的房产，以交易价为评估价；其他房产由税务部门以最近的交易价为基准，综合考虑房价总水平的变化、所在区位、楼层、朝向、公共服务水平等因素，利用批量评估技术，以计算机软件为依托，来评估其价值，每三年评估一次，这既可降低评估成本，也可减少评估的随意性；如果纳税人对税务部门评估的计税价值产生异议，可向税务部门提出复议申请，并提交中介机构出具的评估报告，得到认可后即以新的评估价为计税依据。

6.3.3　加强个人所得税等其他税种的调节作用，与房地产税形成合力

如前所述，收入分配的调节主要是从收入、财产和消费三个渠道来实现的。在收入环节，主要是个人所得税发挥调节居民收入分配的首要作用，而当前个人所得税的调节效果非常弱，《中国家庭金融收入分配报告》利用微观家庭调查的数据分析表明，个人所得税对家庭总收入的基尼系数完全没有影响，仅对工资性收入的基尼系数降低了 0.01。消费环节的收入分配调节主要靠消费税来实现，但消费税的征税范围太小，征税环节主要在生产销售环节一次征收，避税空间很大，造成大量的税收流失，与设计初衷相背离。财产环节的税收除了房地产税外，还应该有遗产税与赠与税，这两种税在我国并未开征。可见，亟须建立完善的各税种互相协调配合的个人收入和财产的税收调节体系，从不同环节、不同渠道共同发挥调节作用。

6.3.4　建立完善的转移支付制度

这是房地产税改革成功的重要保障。一是要加大对农村的转移性支出。从前文的分析可知，农村的收入差距大主要在于其低收入人群特别是贫困者拉大了总收入差距，所以要调节农村内部差距及减小农村对全国收入和财产分配差距的影响，就要提高低收入人群的转移性收入，这需要农村社会保障制度等相关制度的完善。目前，政府对农村的转移支付不论力度还是从时间上都明显滞后于对城镇的转移支付。二是房地产税作为地方税，对于调节本辖区内部差距具有明显优势，但同时也为地区间公共服务的差距埋下伏笔，而在一些具体的公共服务上，均等化的要求显得更为重要。因此，在房地产税改革的推进过程中，伴之以完善转移支付制度成为必要的改革内容。

参 考 文 献

中文部分

1994 年 ~ 2013 年我国房产税基本情况表 [J]. 地方财政研究，2015 (2).

阿瑟·刘易斯. 发展计划 [M]. 北京：北京经济学院出版社，1998.

保罗·A. 萨缪尔森，威廉·D. 诺德豪斯萨缪尔森. 经济学 [M]. 12 版
  北京：中国发展出版社，1992.

伯纳德·萨拉尼. 税收经济学 [M]. 北京：中国人民大学出版社，2005.

蔡艳艳. 物业税开征对住房市场影响的预测性研究 [D]. 西南财经大学，
  2008.

曹清峰. 房产税会加剧城市蔓延吗？——开放和封闭城市条件下不同房
  产税制的模拟分析 [J]. 财贸研究，2014 (4).

常莉. 房地产税收改革对房地产业影响的效应研究 [D]. 西北大学，
  2007.

陈多长. 房地产税收论 [M]. 北京：中国市场出版社，2005.

陈捷. 房地产税收对房价影响之分析 [J]. 价格月刊，2010 (4).

陈金玉. 我国房地产税制理论分析与改革研究 [D]. 湖南大学，2008.

陈西婵. 房产税对房地产市场供需的影响——基于试点城市的分析 [J].
  企业经济，2014 (5).

168

陈莹莹. 关于我国房地产税制改革的研究综述 [J]. 经济研究参考, 2012 (1).

陈宗胜, 周云波. 非法非正常收入对居民收入差别的影响及其经济学解释 [J]. 经济研究, 2001 (4).

程恩富, 胡靖春, 侯和宏. 论政府在功能收入分配和规模收入分配中的作用 [J]. 马克思主义研究, 2011 (6).

程树磊, 冯瑛. 调节我国收入差距的政策重心选择——基于两次分配贡献率视角的实证分析 [D]. 华南理工大学, 2012 (3).

程瑶, 高波. 房地产税对地方政府的激励效应研究 [J]. 中央财经大学学报, 2008 (7).

程瑶. 中国房地产税经济效应研究 [M]. 南京: 南京大学出版社, 2013.

单顺安. 房产税改革的路径选择分析 [J]. 财政研究, 2014 (7).

邓春梅, 肖智. 经营性、财产性收入的个税调节: 由 2002~2009 年分配现状 [J]. 改革, 2011 (10).

邓菊秋. 房产税税负公平性研究述评 [J]. 公共经济与政策研究, 2014 (2).

丁成日. 房地产税制的理论回顾 (上) [J]. 财政研究, 2007 (2).

丁成日. 房地产税制的理论回顾 (下) [J]. 财政研究, 2007 (3).

丁成日. 改革和发展中国房地产税: 理论问题与现实挑战 [J]. 财政研究, 2006 (1).

董蕾. 美国不动产税研究 [D]. 吉林大学, 2011.

杜惠, 杨孝安. 我国房产税改革的思考与建议 [J]. 北方经贸, 2014 (8).

杜鹏. 经济发展中的城市居民收入分配问题研究 [D]. 重庆大学, 2012.

杜雪君. 房地产税对房价的影响机理与实证分析 [D]. 浙江大学，2009.

杜雪君，黄忠华，吴次芳. 房地产价格、地方公共支出与房地产税负关系研究——理论分析与基于中国数据的实证检验 [J]. 数量经济技术经济研究，2009 (1).

樊慧霞. 房地产税溢价回收功能对地方政府的激励效应分析 [J]. 经济论坛，2010 (8).

樊慧霞. 推进房地产税改革的几个现实问题 [J]. 中国财政，2014 (19).

范新英，冯江茹. 基于离散分布状态下基尼系数算法的总结 [J]. 统计与决策，2009 (22).

付晓. 我国现行房地产业税费制度及其改革问题分析研究 [D]. 武汉理工大学，2008.

高波. 中国房地产税制：存在问题与改革设想 [J]. 南京社会科学，2012 (3).

高培勇. 尽快启动直接税改革——由收入分配问题引发的思考 [J]. 涉外税务，2011 (1).

高亚军，王银梅. 财产税功能研究 [J]. 中南财经政法大学学报，2006 (5).

葛静，安体富. 我国房地产税研究的学术阶段和理论派别 [J]. 经济经纬，2015 (1).

葛玉御，安体富. 税收如何影响收入分配：文献述评 [J]. 经济研究参考，2014 (10).

郭宏宝. 房产税改革的经济效应：理论、政策与地方税制的完善 [M]. 北京：中国社会科学出版社，2013.

郭健. 中国税制结构的累进性评价 [J]. 山东经济，2011 (11).

郭庆旺，吕冰洋．论税收对要素收入分配的影响［J］．经济研究，2011（6）．

郭庆旺，苑新丽，夏文丽．当代西方税收学［M］．大连：东北财经大学出版社，1997．

郭珊珊．促进我国居民收入公平分配的税收制度研究［D］．山东财经大学，2013．

国家税务总局财产和行为税司．房地产税制与评税实务［M］．北京：中国税务出版社，2010．

国务院发展研究中心课题组，谢伏瞻，林家彬．不动产税的税种、税率设计和税收归属的探讨与建议［J］．中国发展观察，2006（8）．

哈维·S.罗森．财政学［M］.7版．北京：中国人民大学出版社，2006．

韩德胜．财产性收入的正负效应分析［J］．青岛行政学院学报，2008（3）．

杭州市财政局直属征收管理局课题组．房地产批量评税技术的理论探索与实践创新［M］．北京：经济科学出版社，2009．

何辉，尹音频，张清．利息税的收入再分配效应研究——基于2000 - 2007年中国城镇居民调查数据．科研管理，2011（5）．

何杨．存量房房产税征收的效应分析与影响测算［J］．中央财经大学学报，2012（3）．

何泳仪．房地产税与房价的关系研究综述［J］．中国外资，2013（2）．

胡慧敏．河南省物业税改革试点的实证研究［D］．西北农林科技大学，2010（5）．

华莱士·E.奥茨．财产税与地方政府财政［M］．北京：中国税务出版社，2005．

黄潇.房产税调节收入分配的机理、条件与改革方向 [J].西部论坛,
2014 (1).

贾康.房地产税的作用、机理及改革方向、路径、要领的探讨 [J].北
京工商大学学报 (社会科学版), 2012 (2).

贾康,李婕.房地产税改革总体框架研究 [J].经济研究参考, 2014
(49).

贾康,孟艳.我国居民财产分配差距扩大的分析与政策建议 [J].经济
社会体制比较, 2011 (4).

姜百臣."财富"概念释义 [J].山东经济, 1995 (2).

蒋晓蕙,张京萍.论税收制度对收入分配调节的效应 [J].税务研究,
2006 (9).

蒋震,高培勇.渐进式推进个人房产税改革 [J].宏观经济研究, 2014
(6).

金成晓,马丽娟.征收物业税对住房价格影响的动态计量分析 [J].经
济科学, 2008 (12).

况伟大,苏正,荀天然.物业税的经济效应研究评述 [J].税务研究,
2009 (6).

雷雨恒.对我国开征房产税的税收收入与税收负担的计量研究 [J].财
政研究, 2014 (9).

李承益.我国房产税改革研究 [J].宏观经济研究, 2015 (1).

李栋.沪、渝两地房产税改革试点合法性分析 [J].前沿, 2013 (12).

李宏彪.我国房地产税制改革研究 [D].东华理工大学, 2012.

李吉雄.强化我国财政的收入再分配职能作用问题研究 [D].江西财经
大学, 2010.

李继武. 财富演进形态的实践定位 [J]. 上海财经大学学报, 2010 (10).

李佳融. 金融危机背景下我国房地产税收法律制度的完善 [D]. 复旦大学, 2009.

李晶. 中国房地产税收制度改革研究 [D]. 东北财经大学, 2011.

李林木, 汤群群. 1994 年税制改革以来我国直接税的再分配效应 [J]. 税务研究, 2010 (3).

李满华. 财富与财富效应相关问题研究 [J]. 现代商贸工业, 2010 (6).

李绍荣, 耿莹. 国的税收结构、经济增长与收入分配 [J]. 经济研究. 2005 (5).

李时宇, 郭庆旺. 税收对居民收入分配的影响: 文献综述 [J]. 财经问题研究, 2014 (1).

李实, 万海远, 谢宇. 房产成为拉大财产差距的最主要原因 [EB/OL]. 财新网, 2014 – 07 – 29.

李炜玮. 房地产税收政策对住宅市场的影响: 理论分析与实证研究 [D]. 南京农业大学, 2006.

李文. 我国房地产税收入数量测算及其充当地方税主体税种的可行性分析 [J]. 财贸经济, 2014 (9).

李永刚. 房产税能成为地方政府主体税种吗? [J]. 广东社会科学, 2014 (5).

李永刚. 中国房产税制度设计研究——基于沪渝试点及国际经验借鉴视角 [J]. 经济体制改革, 2015 (1).

李勇辉, 龙小琴. 个人所得税制改革对我国收入再分配影响效果评估 [J]. 税务与经济, 2014 (11).

理查德·A. 马斯格雷夫, 佩吉·B. 马斯格雷夫, 财政理论与实践 [M].

邓子基，邓力平，译校．北京：中国财政经济出版社，2003．

历志坚．论中国城镇居民财产分配对收入分配的影响［D］．四川大学，2007．

厉以宁：通过三次分配解决收入分配难题［EB/OL］．人民网–理论频道．2010 – 06 – 23．

林文凯．住宅价格影响因素分析［D］．西南石油大学，2013．

刘成龙．我国现行税制再分配效应的实证分析［J］．财经理论研究，2014（2）．

刘明慧，赵敏捷．房地产税改革定位的相关问题辨析［J］．经济与管理评论，2014（3）．

刘蓉．房产税税制的国际比较与启示［J］．改革，2011（3）．

刘蓉，张巍，陈凌霜．房地产税非减（豁）免比率的估计与潜在税收收入能力的测算——基于中国家庭金融调查数据［J］．财贸经济，2015（1）．

刘洋．基于评估方法的物业税效应研究［D］．内蒙古财经学院，2010．

刘怡，聂海峰．间接税负担对收入分配的影响分析［J］．经济研究，2004（5）．

刘余健．房产税全国推广的可行性研究［D］．重庆大学，2012．

刘宇鑫．关于开征房地产保有财产税的研究［D］．东北财经大学，2006．

刘志伟．收入分配不公平程度测度方法综述［J］．统计与信息论坛，2003（9）．

刘志鑫．论房产税征税对象选择与税收减免——以税负平等为视角［J］．清华法学，2014（5）．

刘佐．厘清房地产税［J］．中国地产市场，2013（9）．

刘佐. 中国房地产税改革的方向［J］. 经济研究参考, 2010 (48).

刘佐. 中国改革开放以来房地产税改革的简要回顾与展望［J］. 财贸经济, 2011 (12).

吕冰洋. 我国税收制度与三类收入分配的关系分析［J］. 税务研究, 2010 (3).

罗楚亮, 李实, 赵人伟, 我国居民的财产分配及其国际比较［M］. 经济学家, 2009 (9).

罗传健. 收入分配与财富集中理论研究新进展［J］. 经济学动态, 2010 (2).

罗涛, 张青, 薛钢. 中国房地产税改革研究［M］. 北京: 中国财政经济出版社, 2011.

马丁·布朗芬布伦纳. 收入分配理论［M］. 北京: 华夏出版社, 2009.

马国强, 李晶. 房产税改革的目标与阶段性［J］. 改革, 2011 (2).

马海涛, 任强. 房产税的功用、要素设计及中长期改革策略［J］. 地方财政研究, 2015 (2).

麦肯泽, 等. 不动产经济学［M］. 北京: 中国人民大学出版社, 2009.

满燕云, 刘威. 房地产税与土地出让金冲突吗［J］. 中国地产市场, 2012 (10).

毛丰付, 李言. 我国房产税改革实践、功效与展望评述［J］. 地方财政研究, 2015 (2).

莫易娴. 财产性收入的文献综述［J］. 华北金融, 2011 (11).

倪红日. 对我国房地产税制改革的几点建议［J］. 涉外税务, 2011 (2).

倪红日. 积极推进房地产税制改革的几点建议［J］. 中国财政, 2011 (4).

聂海峰，岳希明．间接税归宿对城乡居民收入分配影响研究［J］．经济学（季刊），2013（1）．

欧阳植，于维生．收入分配不均等性的数量分析［M］．长春：吉林大学出版社，1995．

庞凤喜．我国房地产税制进一步改革与完善需要聚焦的几大问题［J］．税收经济研究，2014（5）．

秦松．我国开征物业税有关问题的研究［D］．山西财经大学，2007．

邱泰如．论房产税的公平、效率及政策［J］．经济研究参考，2014（45）．

沈颖．论财政支出与收入公平［D］．四川大学，2007．

石坚．中国房地产税制：改革方向与政策分析［M］．北京：中国税务出版社，2008．

石子印．我国房产税：属性与功能定位［J］．经济问题探索，2013（5）．

宋航．房产税减免改革方案的国际比较研究［J］．财经界（学术版），2014（18）．

孙玉栋，杜云涛．我国房地产保有环节现行税制的问题及其改革［J］．财贸经济，2008（2）．

孙玉栋．收入和财产分配差距与税收政策研究［M］．北京：经济科学出版社，2008．

孙玉栋．税收政策对调节居民收入分配的作用评析［J］．涉外税务，2010（6）．

唐明．房地产税改革为何启而难动［J］．当代财经，2013（8）．

唐雪梅．论转型期我国居民财产性收入的调控［D］．西南财经大学，2010．

陶蕾．房地产行业发展与税收的关系研究［D］．合肥工业大学，2008

（10）．

陶艳惠．我国居民收入差距分析与对策研究［J］．经济视角（下），2012
（1）．

田青．房产税国际比较及对我国的启示［J］．价格理论与实践，2014
（6）．

涂京骞．房地产税立法与改革的基本框架及原则［J］．税收经济研究，
2014（3）．

涂京骞，王波冰，涂龙力．房地产税立法与改革中几个重要问题的破解
思路［J］．国际税收，2014（4）．

万莹．个人所得税对收入分配的影响：由税收累进性和平均税率观察
［J］．改革，2011（3）．

万莹，史忠良．税收调节与收入分配：一个文献综述［J］．山东大学学
报（哲学社会科学版），2010（1）．

王弟海．收入和财富分配不平等：动态视角［M］．上海：格致出版社，
2009．

王弟海，吴菲．持续性不平等产生和加剧的原因及其对中国的启示［J］．
浙江社会科学，2009（4）．

王国清．税收经济学［M］．成都：西南财经大学出版社，2006．

王睿．房地产税收政策调控房价影响效果评析［D］．复旦大学，2008．

王婷．增加财产性收入对居民收入差距的影响评析［J］．当代经济研究，
2012（7）．

王宛岩．我国不动产课税制度研究［D］．财政部财政科学研究所，2010．

王亚芬，肖晓飞，高铁梅．我国收入和财产分配差距及个人所得税调节
作用的实证分析［J］．财贸经济，2007（4）．

王越. 房产税立法的顶层设计探讨 [J]. 财经界 (学术版), 2014 (18).

魏双. 论我国房产税法律制度的构建 [J]. 经济研究导刊, 2014 (23).

温来成. 全面推行房地产税改革的现实条件与路径 [J]. 税务研究, 2011 (4).

吴得民. 中国转型时期的收入和财产分配差距问题研究 [D]. 西南交通大学, 2009.

吴利群, 王春元. 我国房地产税税率设计及税负测算分析 [J]. 广西财经学院学报, 2006 (2).

夏睿. 当前我国房产税税制存在的问题及改革构想 [J]. 技术与市场, 2011 (2).

夏商末. 房产税: 能够调节收入分配不公和抑制房价上涨吗 [J]. 税务研究, 2011 (4).

夏业良. 中国财富集中度远超美国 [J]. 21 世纪, 2010 (8).

谢伏瞻. 中国不动产税收政策研究 [M]. 北京: 中国大地出版社, 2005.

谢伏瞻. 中国不动产税制设计 [M]. 北京: 中国发展出版社, 2006.9.

谢经荣, 吕萍, 乔志敏. 房地产经济学 [M]. 北京: 中国人民大学出版社, 2013.

徐春海. 房产税的法律思考 [D]. 华东政法大学, 2011.

徐建炜, 马光荣, 李实. 个人所得税改善中国收入分配了吗——基于对 1997~2011 年微观数据的动态评估 [J]. 中国社会科学, 2013 (6).

徐瑞东. 我国税收调节居民收入分配的效应研究 [D]. 苏州大学, 2012.

薛付华. 房地产企业税收负担问题研究 [D]. 南京财经大学, 2007.

杨博. 我国城镇居民财产性收入研究 [D]. 西南财经大学, 2013.

杨晗璐. 房产税对房价影响的实证分析——以上海市为例 [J]. 湖南税

务高等专科学校学报，2014（4）.

杨绍媛，徐晓波．我国房地产税对房价的影响及改革探索［J］．经济体制改革，2007（2）.

杨晓妹．个人所得税改革与收入分配——基于女性视角的微观模拟［J］．湖北经济学院学报，2013（3）.

姚涛．促进财富公平分配的房产税制度创新路径研究［J］．地方财政研究，2015（2）.

叶爱华．我国居民收入和财产分配差距的实证研究［D］．湖南大学，2005.

叶发强，陈西婵．重庆房产税试点改革的实效分析．西部论坛，2014（1）.

易宪容．开征房地产税还得在制度安排上创造条件［N］．南方日报，2012-04-05（2）.

尹煜，巴曙松．房产税试点改革影响评析及建议［J］．苏州大学学报（哲学社会科学版），2011（9）.

岳希明，张斌，徐静．中国税制的再分配效应测度［J］．中国社会科学，2014（6）.

张泊．中国收入分配改革应从改革税收制度始——让房产税成为中国第一大税［J］．税收征纳，2012（12）.

张克．从物业税设想到房产税试点——转型期中国不动产税收政策变迁研究［J］．公共管理学报，2014（7）.

张平竺．房地产税基评估研究［D］．厦门大学，2007.

张天犁．关于新时期房地产税改革及若干政策问题的研究［J］．财政研究，2011（9）.

张文霞. 房地产累进税对住宅市场的影响：理论与实证研究 ［D］. 暨南大学，2010.

张学诞. 中国房地产税：问题与探索 ［M］. 北京：中国财政经济出版社，2013.

张元珺，余忠萍. 房产税扩围改革相关问题的思考 ［J］. 合肥工业大学学报（社会科学版），2014（2）.

张志超，吴晓忠. 关于解决收入分配失衡问题的对策研究——兼议破解"黄宗羲怪圈"的路径选择 ［J］. 山东大学学报（哲学社会科学版），2013（5）.

赵波. 房地产投资与物业税改革 ［D］. 复旦大学，2009.

赵惠敏，李琦，王晨旭. 中国房地产税改革取向研究 ［J］. 当代经济研究，2014（9）.

赵心宇. 房地产税归宿与效应分析 ［D］. 东北财经大学，2012.

郑思齐，孙伟增，满燕云. 房产税征税条件和税收收入的模拟测算与分析——基于中国 245 个地级及以上城市大样本家庭调查的研究 ［J］. 广东社会科学，2013（7）.

中国发展研究基金会. 转折期的中国收入分配 ［M］. 北京：中国发展出版社，2012.

周清. 房产税改革试点成效评析与政策调整. 税务研究，2012（10）.

周莎. 房产税改革试点对我国住宅价格的影响研究 ［D］. 上海师范大学，2012.

朱妙宽. 加快调整国民收入分配结构的思考 ［J］. 甘肃行政学院学报，2011（4）.

祝遵宏. 个人住房征收房地产税研究 ［J］. 税务与经济（长春税务学院

学报），2006（2）.

《资源税、房产税改革及对地方财政影响分析》课题组. 资源税、房产税改革及对地方财政影响分析 ［J］. 财政研究，2013（7）.

外文部分

Aeron H J. Who pays the property tax? ［M］. Washington D. C. ： brookings Institution Press，1975.

Alm J，Buschman R D，Sjoquist D L. Rethinking local government reliance on the property tax ［J］. Regional Science and Urban Economics，2011，41（4）：320 – 331.

Anderson N B. market value assessment and idiosyncratic tax-price risk： Understanding the consequences of alternative definitions of the property tax base ［J］. Regional Science and Urban Economics，2012，42（4）：545 – 560.

Arnott R. Neutral property taxation ［J］. Journal of Public Economic Theory，2005，7（1）.

Bahl R，Martinez – Vazquez J. The property tax in developing countries： Current practice and prospects ［R］. Lincoln Institute of Land Policy Working Paper，2007.

Bird M R，Slack. E. Land and property taxation：a review ［R］. World Bank，Washionton，D. C. ，2002.

Bradbury K L，Mayer C J，Case K E. Property tax limits，local fiscal behavior，and property values：evidence from Massachusetts under Proposition 212 ［J］. Journal of Public Economics，2001，80（2）：287 – 311.

Coate S. Property taxation，zoning，and efficiency：A dynamic analysis ［R］.

NBER working paper series, 2011.

Crowley G R, Sobel R S. Does fiscal decentralization constrain Leviathan? New evidence from local property tax competition [J]. Public Choice, 2011 (149).

Fischel W A. Property taxation and the tiebout model: Evidence for the benefit view from zoning and voting [J]. Journal of Economic Literature, 1992, 30 (1).

Fischel W A. The economics of zoning laws: A property rights approach to American land use controls [M]. Johns Hopkins University Press, 1987.

Gallagher R M, Kurban H, Persky J J. Small homes, public schools, and property tax capitalization [J]. Regional Science and Urban Economics, 2013, 43 (2): 422 – 428.

Gervais M. Housing taxation and capital accumulation [J]. Journal of Monetary Economics, 2002 (49): 1461 – 1489.

Hamilton B W. A review: Is the property tax a benefit tax? [M] //Zodrow G R. Local provision of public services: the Tiebout model after twenty-five years, New York: Academic Press, 1983.

Hamilton B W. Capitalization of intrajurisdictional differences in local tax prices [J]. The American Economic Review, 1976, 66 (5).

Hamilton B W. Zoning and property taxation in a system of local governments [J]. Urban Studies. 1975 (12).

Harberger A C. The incidence of the corporate income tax [J]. Journal of Political Economy, 1962, 70 (3).

Ihlanfeldt K R, Willardsen K. The millage rate offset and property tax revenue

stability [J]. Regional Science and Urban Economics, 2014, 46 (5):
167 – 176.

Joulfaian D. A quarter century of estate tax reforms [J]. National Tax Journal,
2000, 53 (3).

Kopczuk W, Saez E. Top wealth shares in the United States, 1916 – 2000: Evidence from Estate Tax Returns [J]. National Tax Journal, 2004, 57 (2).

McCluskey W J, Trinh H – L. Property tax reform in Vietnam: Options, direction and evaluation [J]. Land Use Policy, 2013, 30 (1): 276 – 285.

Mieszkowski P. The property tax: An excise tax or a profits tax [J]. Journal of
Public Economics, 1972, 1 (1).

Netzer D. Economics of the property tax [M]. Washington D. C. : The Brookings Institution Press, 1966.

Oates W E. The effects of property taxes and local public spending on property
values: An empirical study of tax capitalization and the Tiebout hypothesis
[J]. The Journal of Political Economy, 1969 (77).

O'sullivan T, Sexton A, Sheffrin S M. Property taxes, mobility, and home
ownership [J]. Journal of Urban Economics, 1995, 37 (1).

Polyakov M, Zhang D. Property tax policy and land-use change [J]. Land
Economics, 2008 (8).

Presbitero A F, Sacchi A, Zazzaro A. Property tax and fiscal discipline in
OECD countries [J]. Economics Letters, 2014, 124 (3): 428 – 433.

Sirmans G S, Gatzlaff D H, Macpherson D A. Review articles: The history of
property tax capitalization in real estate [J]. Journal of Real Estate Literature, 2008, 16 (3).

Skidmore M, Ballard C L, Hodge T R. Property value assessment growth limits and redistribution of property tax payments: Evidence from michigan [J]. National Tax Journal, 2010, 63 (3).

Song S, Chu S – F, Cao R. Real estate tax in urban China [J]. Contemporary Economic Policy, 1999, 17 (4): 540 –551.

Tang B – S, Wong S – W, Liu S – C. Institutions, property taxation and Local government finance in China [J]. Urban Studies, 2011, 48 (6).

Tiebout C. A pure theory of local expenditures [J]. Journal of Political Economy, 1956, 64 (5).

Wood G, Ong R. Local government property taxes [M] //International Encyclopedia of Housing and Home, 2012: 174 – 179.

Zodrow G R. Intrajurisdictional capitalization and the incidence of the property tax [J]. Regional Science and Urban Economics, 2014, 45 (3): 57 –66.

Zodrow G R, Mieszkowski P. The new view of the property tax a reformulation [J]. Regional Science and urban Economics, 1986 (16).

Zodrow G R. The incidence of the property tax: The benefit view versus the new view [M]. Readings in State & Local Public Finance, 1997.

Zodrow G R. The Tiebout model after twenty-five years: An overview. In local provision of public services: The Tiebout model afire twenty-five years [M]. New York: Academic Press, 1983.